资源型企业
财务危机及治理研究

孙 伟 张洪霞／著

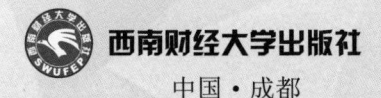

西南财经大学出版社
中国·成都

图书在版编目(CIP)数据

资源型企业财务危机及治理研究/孙伟,张洪霞著.—成都:西南财经大学出版社,2023.4
ISBN 978-7-5504-5732-4

Ⅰ.①资… Ⅱ.①孙…②张… Ⅲ.①企业管理—财务管理—危机管理—研究 Ⅳ.①F275

中国国家版本馆CIP数据核字(2023)第055981号

资源型企业财务危机及治理研究
ZIYUANXING QIYE CAIWU WEIJI JI ZHILI YANJIU
孙 伟 张洪霞 著

策划编辑:李邓超
责任编辑:石晓东
责任校对:陈何真璐
封面设计:墨创文化
责任印制:朱曼丽

出版发行	西南财经大学出版社(四川省成都市光华村街55号)
网　　址	http://cbs.swufe.edu.cn
电子邮件	bookcj@swufe.edu.cn
邮政编码	610074
电　　话	028-87353785
照　　排	四川胜翔数码印务设计有限公司
印　　刷	四川五洲彩印有限责任公司
成品尺寸	170mm×240mm
印　　张	9.5
字　　数	174千字
版　　次	2023年4月第1版
印　　次	2023年4月第1次印刷
书　　号	ISBN 978-7-5504-5732-4
定　　价	58.00元

1. 版权所有,翻印必究。
2. 如有印刷、装订等差错,可向本社营销部调换。

前 言

　　对自然资源的天然依赖性决定了资源型企业的生产经营行为必须依靠自然环境。企业对环境形成的生态经济效应有外部经济效应和外部不经济效应之分，能够让经济利益流入企业的效应可以被称为外部经济效应，导致成本增加的污染治理等支出效应可以被称为外部不经济效应。企业自愿进行污染治理就是自愿"买单"来治理外部不经济效应的一种结果，受到有关环保监管部门的处罚而被动"买单"来治理外部不经济效应是另一种结果，后面这种结果导致企业在名誉受损的同时还会遭受经济利益损失。《中华人民共和国环境保护法》要求，县级以上人民政府应按照规定，组织制订预警方案，并建立监测预警机制应对公共环境污染。这给资源短缺问题日益突出，资源价格不断上涨，高投入、高消耗、高污染的粗放型生产企业带来多重压力，尤其是财务方面的压力。因此，针对资源型企业的行业特征建立财务危机预警防范机制十分必要。

　　基于对上述问题的思考，本书构建了资源型企业财务危机及治理研究框架。第一部分阐述本书的研究背景，梳理了财务风险、财务危机、财务危机预警和财务危机治理相关研究文献，介绍了本书的研究方法、技术路线、写作框架、创新点和不足。第二部分主要进行相关概念的界定及研究理论的阐述，为后续内容做好铺垫。第三部分主要分析了我国资源型企业分类及特点，重点阐述我国资源型企业上市情况及特征。第四部分阐述了资源型企业财务危机特质、表现、原因、危害与处置方法，定性分析了资源型企业财务危机并结合W稀土股份有限公司、C股份有限公司和SXZ企业三个案例从资本结构质量分析、利润质量分析、现金流质量分析等角度进行财务风险和财务危机定量研究。第五部分进行企业财务危机预警模型和财务危机的实例预警分析，采用业绩分析和 Z 值分析对财务危机预警展开研究。第六部分从资源型企业治理结构、资源型企业治理机制弱化表现和资源型企业应对治理机制弱化的措施等方面进行研究，得出资源型企业应更加重视财务风险和财务危机治理，在管理方面采用项目质量分析方法进行财务危机识别和 Z 值判断等结论。

　　本书在研究过程中采用了以下研究方法：①文献分析法。本书通过文献分析法深入剖析资源型企业财务危机、财务预警和企业治理情况，探索研究方向并开展具体研究。②定性分析与定量分析相结合的方法。本书在对资源型企业财务风险进行成因定性分析的基础上，运用项目质量分析方法、Z 值模型等量化方法进行资源型企业财务风险、财务危机分析和财务危机度量，力图使本书的研究结果具有理论性和可操作性。③案例分析方法。本书运用财务风险管理理论分析资源型企业的实际情况，并进行案例分析，以揭示财务危机实质及规律，从而为本书的创新研究提供事实依据。

　　本书得出如下结论：①资源型企业更应重视财务危机治理。从上市资源型企业的特征能够看出，资源型上市企业附加值低、治理能力较弱。②资本结构质量分析、利润质量分析和现金流质量分析等项目质量分析方法能更有针对性地发现潜在的资源型企业财务风险。③Z 值分析更适合资源型企业财务危机预警。本书通过对 W 稀土股份有限公司、C 股份有限公司和 SXZ 企业三个案例进行研究并做出 Z 值趋势判断，分析了其财务危机情况。

　　本书较为广泛地参考和借鉴了学术界同仁们的科研成果。虽然我们尽可能地注明参考文献的出处，但由于时间仓促，仍可能挂一漏万，敬请各位同仁谅解！

孙伟　张洪霞
2022 年 12 月 15 日

目 录

1 绪论 / 1
 1.1 研究背景及问题提出 / 1
 1.2 文献综述 / 2
 1.3 研究方法与技术路线 / 36
 1.4 基本框架与结构 / 37
 1.5 本书创新之处 / 38

2 相关概念及理论 / 39
 2.1 相关概念 / 39
 2.2 相关理论 / 42

3 资源型企业现状 / 44
 3.1 资源型企业分类及特点 / 44
 3.2 资源型企业上市情况及特征 / 45

4 资源型企业财务危机分析 / 53
 4.1 资源型企业财务危机表现及危害 / 53

4.2 资源型企业财务危机定性分析 / 57

4.3 资源型企业财务危机定量分析 / 59

5 资源型企业财务危机预警 / 113

5.1 财务危机预警模型 / 113

5.2 财务危机预警分析 / 114

6 资源型企业财务危机的治理 / 126

6.1 资源型企业治理结构 / 126

6.2 资源型企业治理机制弱化表现 / 129

6.3 资源型企业应对治理机制弱化的措施 / 131

7 研究结论与不足 / 133

7.1 研究结论 / 133

7.2 研究不足 / 133

参考文献 / 134

1 绪论

1.1 研究背景及问题提出

我国工业化进程的不断加快，导致资源价格不断上涨，我国的资源型企业通过扩大产能等措施取得了骄人的经济效益。由于日益突出的全球资源短缺问题，当前传统的资源型企业面临着高投入、高消耗、高污染的局面。这种粗放型生产方式在为企业带来经济利益的同时也使企业面临着资源瓶颈和环境保护等多重压力。

对自然资源的天然依赖性决定了资源型企业的生产经营行为必须依靠自然环境。企业对环境形成的生态经济效应有外部经济效应和外部不经济效应之分，能够让经济利益流入企业的效应可以被称为外部经济效应，导致成本增加的污染治理等支出效应可以被称为外部不经济效应。企业自愿进行污染治理就是自愿"买单"来治理外部不经济效应的一种结果，受到有关环保监管部门的处罚而被动"买单"的是另一种结果，后面这种结果导致企业在名誉受损的同时遭受经济利益损失。《中华人民共和国环境保护法》要求，县级以上人民政府应按照规定，组织制定预警方案，并建立监测预警机制应对公共环境污染。

面对复杂、激烈的市场竞争环境，过去曾拥有不错经济效益的资源型企业面临的生存压力巨大，而企业经营以失败告终的重要原因之一是企业面临了财务危机，财务危机是在财务管理失误、财务失控并且没有得到有效控制的情况下发生的，退出市场是企业无奈的选择。客观存在的财务风险是企业必须面对的，持续恶化的财务状况会给企业带来财务危机。因此，在日常的经营过程中，资源型企业要防范各种财务风险，更要注重提升环保意识，降低对环境的破坏程度，最终实现生态效益最大化。资源投入大、效益不高、工作条件艰苦等是资源型企业的共同特点，资源型企业必须结合行业特征建立财务危机预警模型，这对于企业、投资者、证券监管者等利益相关者都具有重要的意义。

1.2 文献综述

1.2.1 资源型企业财务风险

1.2.1.1 国外相关研究

（1）企业财务风险识别研究。

以19家企业作为样本，菲茨帕特里克采用单变量风险识别方法对这些样本企业进行了风险识别，并对这种识别方法的有效性进行了详细分析。Biber从不同的视角进行了分析，通过整合重复的指标，指出现金流、负债、总资产对企业财务风险的影响最大，最终整理出30多个对企业财务状况有突出影响的财务指标。Altman利用多元线性识别模型，对存在财务风险问题的33家企业进行了识别，并利用Z-Score模型对企业的财务风险状况进行了评估，探索出新的企业财务风险识别方法。Michac IKlaff认为目前企业在发展的过程当中，需要借助创新这一理念，改变现有的财务管理模式，使企业发展和财务管理活动相结合，并需要使信息管理系统在运营的过程中得到不断完善。

(2) 企业财务风险管理研究。

Meadc、Lyon 对财务风险管理进行了分析,他们从企业特点的角度入手,分析了企业财务风险管理存在的问题,并提出了对策与建议。他们的研究很有针对性,指出当前企业在融资方面存在主要的财务问题,并结合当前企业内部的问题,探析企业财务运营能力指标。Bradley T 针对企业财务风险存在的问题,提出了新的评价方法并据此给出了对策和建议。Anthony Loviscek、Suisun 强调应当要加强对企业现金流的管理。

Patrizia 等认为,可以将资源作为价值依托,因为资源价值流转理论拓展了传统企业价值链范围,并认为应该从生产边界出发研究企业生产所需要的资源,从而结合目标企业生产过程对资源流转进行分析。Shook 认为,风险是危险度和易损度的乘积,一些学者较认同这一结论并进行了推广应用。Nazar 提出了表征风险的量化指标,利用各地区水资源数据并借助数理统计方法,预测水风险发生的概率。因此,评价水风险的指标体系实现了从单层次、单系统到多层次、多系统的不断完善。还有学者对企业层面的水风险评价进行了研究,Daniel 等以食品和饮料行业企业为样本,研究了这些企业是如何受到水风险影响的。Nikolaou 等利用生态产业集群方法研究了中小企业存在的潜在水风险。

1.2.1.2 国内相关研究

(1) 企业财务风险识别研究。

徐义明等指出,由于存在不确定因素与不可预知因素,企业在正常运营过程中可能会出现财务风险。企业进行财务风险管理之前,需要识别存在的财务风险。在企业运营过程中,各个环节的企业财务风险都有可能发生。定性风险识别方法与定量风险识别方法是常用的风险识别方法。

王冬梅等发现,企业在财务风险评价中存在这种现象:经常简单地套用传统的财务指标,没有结合宏观经济形势、行业特点和企业具体的经济业务；对报表的解读不够深入，只是简单地根据财务指标进行判断。实际上，企业可以结合相关案例进行详细分析，以期纠正财务分析过程中的各种偏差，引导企业财务风险评价工作朝着正确、合理、科学的方向发展。

孙莹等以 2019 年 3 631 家 A 股非金融类上市企业为样本，从区域层面、产业层面发现，这些企业的资本效率与财务风险状况主要表现出以下特征：一是资金总体增速放缓；二是经营活动资金管理总绩效下降，而管理绩效上升的是投资活动资金，但投资活动的资金效率依旧明显低于经营活动的资金效率，少数行业的投资活动资金管理绩效仍有优势，西部地区企业的总资金管理绩效下降得最为明显；三是改善了经营活动中营运资金的管理绩效，采购渠道、营销渠道、应收账款、应付账款的管理绩效得到了提升，经营活动的营运资金管理绩效在中部地区实现了整体提升；四是以自有资金为融资结构主体，财务风险总体稳中有降，少数行业（如房地产行业）的融资方式激进，借入资金占比超过 50%；五是短期财务风险总体可控且略有降低。与此同时，财务风险传染效应使得集团企业债券融资成本提高，轻资产上市企业的总资产管理周转绩效优于重资产上市企业的总资产管理周转绩效，且轻资产上市企业的总体财务风险及短期财务风险都相对较低，传统财务分析体系的信息扭曲可能会导致企业利率的扭曲。

张原等以 2008—2018 年 A 股上市企业为样本，把控股股东股权质押作为研究对象，探讨其对财务风险的影响，并检验公司治理在两者关系中的作用。他们将财务风险分为红、橙、黄、蓝四个预警等级，将控股股东股权质押分为"小、中小、中大、大"四种规模，运用多元 Logit 模型构建控股股东股权质押下的财务风险预警机制。他们的研究发现：控股股东进行股权质押的上市企业的财务风险更高，且质押规模越大，越可能导致较高等级的风险预警；不同的公司治理维度在控股股东股权质押对财务风险的影响中发挥了不同的作用；独立董事比例、股权集中度、内部制衡度越高，管理层越倾向于"监督"；董事持股比例、高管持股比例、高管薪酬越高,管理层越倾向于"合谋"。

孙树垒等指出在特定时期内财务状况不佳就说明企业可能面临资金短缺问题。

伍海泉等基于环境保护形势对经济高质量发展与环境保护的协调问题提出新的、更高的要求,并将水资源作为企业发展的关键因素,指出对其进行科学、有效的评价和控制成为亟待解决的问题;根据循环经济理论、资源价值流转理论和风险管理理论,引入层次分析法和物元可拓模型评价法,从输入、循环、输出、管理四个维度,构建基于资源价值流视角的水财务风险评价体系,然后将该评价体系应用到 H 纺织企业中,以衡量与判断其水财务风险。

高丽指出,区域经济集团化带动了世界经济一体化发展,在资源刚性需求下,制约我国经济发展的瓶颈是全球矿产资源日益短缺。我国众多进入国际化发展阶段的资源型企业,已在全球陆续开展跨国经营活动。在国际化进程中,我国资源型企业遭受了异于国内环境的各种冲击,因此,企业各项战略决策以及日常管理的一项重要内容是风险管理。面对各种因素带来的风险,管理学界和企业界以资源型企业国际化经营风险为视角,把研究重点放在资源型企业国际化经营风险的内涵及影响、国际化经营风险辨识、风险评价与测度、风险控制与管理策略。学者们以企业国际化理论和风险管理理论为基础,构建了国际化经营风险理论研究框架,为我国资源型企业国际化经营风险界定了风险辨识的内容。国际化经营风险主要包括风险源、风险因素、风险事故、风险损失、损失暴露等几个重要方面。学者们结合资源型企业特征、企业国际化理论及风险管理理论,初步形成了资源型企业国际风险管理研究的思路,评价、测量了国际化经营风险,对资源型企业面临的国际化经营风险进行了系统的定量及定性分析,设计了指标体系评价风险,并对风险进行测度。

吴树会发现,资源型企业在面对外部市场的剧烈变动以及自身内部的各种风险时，如果要提升内部控制管理效率，必须抓好财务管理并及时识别财务风险，让企业的运营处于安全环境之中。他以 AQ 公司为研究对象，深入分析资源型企业当前的财务管理现象，以及应该如何对其财务风险进行更加科学、高效的管理。

王秀伟认为，大兴安岭是我国重要的林业基地之一，大兴安岭无霜期短、冬季严寒漫长，优质缓生树种一般需要超过百年的成材周期。该林业基地自建设开发以来，大量的建设用木材运往我国南部省份，为南部省份的经济发展做出了重要贡献。早在 1962 年，周恩来总理敏锐地意识到了林木采伐不能危及生态环境，前瞻性地提出了"青山常在，永续利用"。2013 年，习近平总书记在十八届中央政治局第六次集体学习时的讲话中指出"建设生态文明，关系人民福祉，关乎民族未来"。随着林木资源采伐量的不断减少，林木产品加工企业面临着新的挑战，产值下行压力加大，财务风险加剧。大兴安岭恒友家具有限公司是所在地区最具代表性的林木产品精深加工企业。王秀伟以可持续利用理论和财务风险管理理论为基础，以恒友家具有限公司为研究对象，通过对该公司财务报表数据以及各类相关财务指标开展分析，并运用经济模型进行综合测算，分析了恒友家具有限公司的财务风险状况，查找其存在的主要财务风险点。在此基础上，王秀伟揭示了其财务风险的成因。第一，从材料采购环节看，大兴安岭受地理条件和气候条件的限制，林木生长缓慢，成材周期逾百年，天然林保护工程的实施导致本地原材料供应不足，外购原材料因运程长导致原材料价格上涨。第二，从筹资环节看，受地域经济发展滞后的制约，恒友家具有限公司的筹资渠道单一，导致资金结构不合理。第三，从存货管理角度看，原材料储备增加导致存货资金占用比例偏高。第四，从应收账款回收机制看，销售对象信用状态预警机制和催收快速协同响应机制建设尚须完善。第五，从内部控制机制建设情况看，企业领导层风险防范意识有待加强，财务人员的风险防范能力有待提高。针对恒友家具有限公司存在的主要财务风险，王秀伟提出了解决问题的建议和可行性措施，以帮助企业降低财务风险，提高经济效益。

严良等通过对比资源型企业与传统的制造业企业，发现两类企业的财务风险有较大差异。他们立足于资源型企业财务风险，采用主成分分析法（PCA）提取代表资源型企业财务特点的七个关键指标；打破传统运用粒子群算法（PSO）对支持向量机（SVM）的优化，采用较粒子群算法更稳定、优化性能更好的差分进化算法（DE）对支持向量机（SVM）进行优化，形成DE-SVM财务预测模型。在DE-SVM财务预测模型、PSO-SVM财务预测模型以及单一的SVM财务预测模型中，他们将上市的ST（被特别处理）类资源型企业和非ST类资源型企业近三年的财务数据进行对比后发现，DE-SVM财务预测模型的预测结果比PSO-SVM财务预测模型以及SVM财务预测模型的预测结果更精准，运行效率更高、速度更快。因此，DE-SVM财务预测模型有助于提高资源型企业对财务风险的识别准确度。

（2）企业财务风险管理研究。

杨华认为，掌握有关财务风险的基本内容，学会有效地利用财务分析工具来防范财务风险，尤为重要。因此，对企业财务风险进行监测、预警与规避的要求也就越来越高，企业经营者都应该树立财务风险意识，建立财务风险预警体系，防范企业发生财务风险。

齐春霞指出，企业财务风险是客观存在的，在市场经济条件下，要安全消除风险及是不现实的。了解风险的来源和特征是企业财务风险管理的目标，企业要正确衡量、预测财务风险，健全风险管理机制。

项继云发现，由于缺乏先进的管理经验以及实用的管理制度，国内股市的发展跌宕起伏。20世纪90年代，最初的一批上市企业在经历了激烈的市场竞争之后所剩不多。为了更好地适应股市的发展特点，在"激流"中屹立不倒，企业就需要提高风险防范意识，并制定完善的财务风险管理措施。

刘明传等指出，因为集团企业的运营规模非常大，内部组织结构也十分复杂，所以集团企业的财务风险管控工作较一般企业而言要复杂得多。他们认为，要坚持在集团企业财务风险管理基本原则的基础上，构建具有创新性的财务风险管理体系。

林妍发现，随着现代管理理念不断深入人心，企业非常注重对各类运营风险的管理，而财务风险则是众多风险中会对企业运营产生最直接、最深远影响的一种风险。林研以LT公司为研究对象，分析其财务状况，并结合相关风险控制理论，给出了加强该公司财务风险防范工作的建议。

陈志斌发现，近年来，企业财务风险在行业内不断扩散，企业财务风险对经营活动造成影响的事件频发，这对企业的市场稳定性产生了负面影响。基于我国经济向高质量发展阶段迈进的背景，我国企业有必要关注财务风险。陈志斌通过介绍传染效应和竞争效应的概念和作用机制，进一步探究财务风险的影响因素；提出竞争企业提高风险管理水平、政府构建调控有度的市场机制具有理论与现实意义。

杨军等指出，企业进行多元化经营战略，需要投入大量的人力、物力、财力，从而放缓对主营业务创新升级的步伐，导致企业现金流趋紧，财务风险增加。那么，企业多元化是否也存在"不多元化，等死；多元化，找死"的困境；还是说，存在一个最佳的多元化水平，能够使得企业财务风险降至最低？杨军等以2007—2017年A股制造业企业为研究样本，分析企业多元化经营战略对财务风险是否存在非线性影响。研究发现，我国制造业企业多元化战略对企业财务风险存在U形影响，即随着多元化程度加深，财务风险先下降后上升；多元化熵指数的临界值为0.656，多元化行业数量的临界值为5.371，即企业业务跨行业数量在5个时，财务风险最低；在相同多元化水平下，国有企业的财务风险低于非国有企业的财务风险，绩效好企业的财务风险低于绩效差企业的财务风险。

文杏梓等指出，供给侧结构性改革给产能严重过剩、煤炭价格持续下跌、产业利润大幅下降的煤炭行业带来了新的发展机遇和挑战；在分析供给侧结构性改革背景下煤炭行业普遍面临的财务风险的基础上，利用 F 分数模型整体评估该企业的财务风险，并以郑州煤电股份有限公司为研究对象，从筹资、投资、运营三个维度来具体分析企业财务指标，深入分析其财务危机产生的根源并提出相关对策建议，为国内其他煤炭企业做好财务风险管理提供参考和借鉴。

吉梦璐指出，制造业在我国国民经济中扮演着重要的角色。为了适应新时代我国供给侧结构性改革的推进，提高经济效益和核心竞争力，各大制造业企业都开始关注自身运营风险的管控。在一般企业运营中，最大的运营风险就源于财务风险，而财务风险与企业内部控制管理又有着紧密的联系，所以不少企业希望通过加强内部控制和财务风险管理为企业的发展扫除障碍。

赵静静以财务风险管控为主要内容，结合企业实际财务状况，从财务风险管控方面进行详细分析，从而体现财务风险管控对企业经济效益、人员管理以及财务工作效率的重要性。她认为，企业应该积极推出更好的财务管控措施与制度，以保障企业财务活动顺利进行。

赵桐指出，财务风险已成为当前企业管理中的重要问题，也成为当前互联网企业关注的重点内容；并以 AB 公司为例，对其存在的财务风险进行研究，分析其存在的主要问题，对其风险进行识别，针对风险构建科学的评价模型，结合风险评价结果给出对策和建议。

潘敬宁认为，扩张期的资源型企业产生财务风险的原因有很多。企业要采用新的模式进行资源的控制和开发。

王洪敏指出，20 世纪 90 年代以来，世界各国经济正朝着全球化、一体化的方向发展，全球经济联系不断加强。随着各国经济的相互渗透，走上国际化发展道路的企业越来越多，资本跨国流动日趋活跃。其中，跨国资本流动的主要推动力量是海外并购。为寻求更广阔的发展舞台，实现可持续发展，我国企业也开始将战略眼光投向海外，积极实施海外并购，我国资源型企业是海外并购企业中的重要组成部分。近年来，为了缓解国内资源供求矛盾，增强企业国际竞争力，资源型企业逐渐将视野转向国外，开始了一系列的海外并购活动。最近10年，能源和矿产资源行业的海外并购交易额占据了我国所有行业的一半以上份额；中国海洋石油集团有限公司（以下简称"中海油"）于2013年2月以151亿美元收购了加拿大NEXEN公司，创下我国海外并购交易额的新纪录。然而，由于海外并购活动的复杂性和不确定性，海外并购是一项充满风险的活动。我国资源型企业在积极实施海外并购的过程中也出现了很多失败案例，如2005年中海油在美国议会的阻挠下未能完成对美国优尼科公司的收购，中国铝业集团有限公司（以下简称"中铝集团"）收购力拓公司遭遇"骗婚"，中海油和中铝集团也因此损失惨重。因此，企业有必要加强在海外并购中的风险意识和防范意识。海外并购中各类风险因素最终都会在财务状况上有所体现，从这个角度来说，财务风险是一种综合风险。从整个并购的过程来看，资源型企业的海外并购包括定价、融资、支付和整合四个阶段，因此财务风险在这些阶段中分别体现为并购决策期的定价风险、并购交易期的融资风险、并购交易期的支付风险和并购完成后的整合风险。从宏观层面来看，东道国政治上的阻挠和并购后面临不确定的法律纠纷等因素共同引发了财务风险。从微观层面来看，企业海外并购中定价、融资、支付和整合各阶段都是财务风险的来源。为使我国资源型企业的海外并购更加顺利，确保其海外并购利益最大化，资源型企业有必要充分认识并有效控制海外并购交易中存在的财务风险。在资源型企业海外并购过程中，如何识别贯穿于定价、融资、支付和整合阶段的财务风险并对其进行有效控制，事关我国资源型企业海外并购利益和国家"走出去"战略实施的效果。宏观层面的对策包括减少政治阻挠、减少法律纠纷等，具体包括加强政府公关、学习国外并购经验、依法履行社会责任等对策；微观层面的对策包括做好尽职调查、恰当运用评估方法、科学安排融资结构、选择恰当的财务整合模式等对策。

吴珊珊以石油企业为例，探讨大型矿产资源企业的财务风险管理实践与经验。特别是讨论在国际油价剧烈波动的背景下，中国石油企业如何将风险降至最低，从而提高企业的经济效益。

张玲发现，近年来的经济发展为再生资源企业带来了不少机遇，但内外部的激烈竞争环境也给企业带来了不小冲击，再生资源企业面临财务风险的情况屡屡出现。张玲从内部控制角度对企业财务风险控制进行了探讨，通过对再生资源企业特点和现状的分析，提出了通过内部控制降低企业财务风险的有效措施。

王磊指出，资源型企业的生产经营管理会影响企业的财务分配与收支管理，企业稍有不慎就可能出现各种财务风险，因此资源型企业必须充分意识到做好财务风险控制和管理的重要价值和重大意义。资源型企业要科学分析和深刻理解影响企业财务风险的若干因素，并采取有针对性的措施，有效化解财务风险问题，加大财务风险管控的力度，获得良好的社会效益和经济效益。

1.2.2 资源型企业财务危机

1.2.2.1 国外相关研究

（1）财务危机识别研究。

国外学者对财务危机的研究主要集中在财务危机预警方法和财务危机预警变量的设置上。Beaver 运用单变量预警模型，发现在财务危机的识别上，非常关键的识别指标是现金流与负债。Altman 提出，财务危机识别可以用 Z-Score 模型来进行。Altman 提出，Z-Score 模型可以进行财务危机识别，他选择了 22 个财务指标进行多变量财务危机分析，最终确定了 5 个变量来分析企业面临的财务危机。他的研究成果表明，预测准确性相对较高的时间是在企业破产的前一年。Ohlson发现，企业的规模、业绩、变现能力和资本结构4个指标与企业破产的相关性程度较高，他运用Logistic模型有效地证明了这一点。Jaekwon则结合径向基网络函数与支持向量机模型进行系统研究。Sevim在运用Logistic模型、单变量模型和多元模型进行分析之后，认为在企业财务危机的识别上表现最佳的是Logistic模型。

（2）财务危机治理研究。

Steven认为，上市企业在财务危机来临时，应该对危机严重程度展开评估，进而有序地采取措施消除危机并加强企业的内部控制。不同程度的财务危机有不同的解决对策。财务危机较小的企业，可以改善运营管理、调整发展战略、进行内部控制、评估可能发生的财务风险、进行预测分析，科学地帮助企业降低成本、开源节流以渡过财务危机。具体措施包括拓宽融资渠道、实现融资渠道多元化、减少对外投资、处理不良资产、加快应收账款的回收。Asquith认为，上市企业处理财务危机的方法包括：通过变卖资产的方式获取现金流、减少现金流出以收缩大额投资、积极与银行等债权人进行协商、延长企业的偿债时间。

1.2.2.2　国内相关研究

（1）企业财务危机成因。

陈锦婉指出，财务危机是指企业无力支付到期债务或费用的一种经济现象。我国企业财务危机产生的根本原因是在"所有者缺位"的情况下，经营者行为的短期化。

周丕娟等认为，企业财务危机的产生并非一朝一夕，财务危机具有客观积累性、突发性、多样性和灾难性等特点。企业可从领导班子基本素质、基础管理水平、在岗员工基本素质、技术装备更新水平、企业经营发展战略和长期发展能力预测等方面进行财务危机定性分析。

唐敏指出，对财务危机内涵的探讨经历了半个多世纪，对其概念的研究也随着时代的发展不断延续和深入。唐敏通过追溯财务危机概念的发展过程，剖析了财务危机概念的理论含义和实际含义，并对财务危机、财务风险、财务失败、企业失败等容易混淆的概念做了简要的辨析。

王敏认为，西部地区中小企业对西部地区经济的跨越式发展具有重要的作用，因此分析其财务危机的成因并采取有效的预防措施对企业而言十分必要。王敏从内部和外部两个方面分析了西部地区中小企业财务危机的成因，指出产生财务危机的内部原因主要是管理水平较低，而产生财务危机的外部原因是通过内部原因起作用的。

朱兆珍发现，财务危机产生的根本原因会影响财务危机预警的准确性。国内外相关研究结果表明，财务危机产生的原因包括内部管理不善与外部环境恶化。在此基础上，朱兆珍提出了深入企业研究、嵌入企业生命周期理论和基于供应链管理视角下挖掘财务危机诱因的研究思路。

郝宏杰指出，经济全球化对国际经济的发展起着越来越重要的作用，我国在享受经济全球化带来的经济效益的同时也面临着各种复杂的难题。例如，受到 2008 年全球金融危机的影响，我国的许多中小企业未能渡过财务危机，最终破产。郝宏杰通过对财务危机的特征进行概括，分析了引发财务危机的各种原因，随后对煤炭企业财务危机情况进行了分析，并提出了一些建议。

吴木洋基于深沪上市企业 2006—2015 年的数据，使用递归模型研究"产业政策支持→企业投资增长→企业财务危机"的形成机制。研究发现，在不考虑产业政策滞后性的情况下，鼓励性产业政策会降低企业当期陷入财务困境的可能性；随着滞后期的延长，鼓励性产业政策导致企业未来 2~3 年发生财务危机的可能性提高；当国家发布产业政策后，政策支持行业内的企业会考虑增加投资，使企业得到更好的发展；获得产业支持的企业在增加投资时也可能使未来发生财务危机的可能性提高；与国有企业相比，产业政策对企业财务危机的影响在非国有企业中更为明显。基于上述结论，对于管理者来说，在考虑国家政策时，要注重企业的长远发展，避免盲目投资，这样才能不断提升企业价值，让企业走可持续发展之路。

闫晴认为，不断变化的社会经济形势，使得企业面临的经营环境日益多样化，企业风险不断累积。深入剖析产生财务危机的原因，有助于企业及时提防这些因素，更有利于股东和高管防患于未然。闫晴对现有的财务危机产生的原因进行了研究和梳理，从宏观经济因素、行业因素和企业微观因素三个层面梳理了企业产生财务危机的原因，丰富了现有研究体系。谭青等发现财务危机影响因素的研究一直是学术界的热点研究问题，通过文献的梳理和总结，基于生存因素理论对财务危机影响因素进行了分析，从企业特性、行业特性和整体环境三个方面对其进行了归纳；同时，从集团整体、关系网络、动态性调整方面提出了几点思考，并针对"大数据+厚数据"在财务预警中的应用提出了研究展望。

武咏晶等在保证外部影响因素一致的基础上，通过对比配对案例企业高管团队质量的差异，将高管团队质量进行不同维度的动态评估。研究表明，高管团队质量会对企业财务危机造成影响，其主要从高管权利集中程度、高管过度自信、高管团队学历背景和高管团队稳定性四个方面对企业业绩产生影响。

施平等指出，近年来，许多高速发展企业的业绩突然下滑，陷入财务危机，其深层原因是公司治理结构存在问题。施平等从公司治理视角出发，以雏鹰农牧集团股份有限公司为研究对象，通过分析企业治理结构及面临的财务风险，对高速发展中的企业爆发财务危机的原因进行研究，从而总结教训，以期为其他高速发展企业的公司治理提供建议。

李萌雅发现，近年来，随着互联网技术和市场经济的快速发展，越来越多的企业倾向于通过多元化扩张战略抢占市场份额，增强企业竞争力。不可忽视的是，多元化战略是一把"双刃剑"：一方面，多元化战略有助于开拓新市场，降低企业单一产品经营风险；另一方面，多元化战略扩张需要大量资金，一旦企业融资能力无法满足业务扩张的需求，将会产生财务危机。李萌雅以暴风集团为例，发现其产生财务危机的根本原因在于忽视主营业务，盲目实施多元化扩张战略，缺乏科学的现金预算制度和完善的风险管理机制等。

谭青等指出，商誉产生于并购，而并购是一把双刃剑，一方面能促进企业做大做强，另一方面可能产生巨额商誉及未来减值摊销的风险，导致企业陷入财务危机。谭青等以长城国际动漫游戏股份有限公司为例，通过对该企业经营状况进行分析，探究该企业在公司治理、并购活动及估价、内部控制等方面存在的问题，揭示业绩下滑和商誉泡沫破灭下企业财务危机的形成机制，并对如何防范商誉泡沫破灭和企业财务危机提出了相应的对策建议。

(2) 企业财务危机治理。

常立华在给出企业财务危机新定义的基础上，探讨了企业财务危机临界点的含义，分析了企业财务危机临界点的决定因素，探讨了破产标准与企业财务危机临界点的关系，指出应当把"达到破产标准"作为企业财务危机的界定标志。

赵庚学认为，企业不能控制财务风险，就会产生财务危机。他通过对企业偿债能力、资产管理能力及获利能力的分析，认为企业管理者可以防范与化解企业财务危机，并采取优化财务结构、建立预防体系等措施。

苏晓玲认为，在日益激烈的市场竞争中，企业生存和发展面临着各种风险；在简单阐述财务危机的概念和成因后，分析了财务危机出现的征兆，并针对财务危机的防范提出了一些措施，以期降低企业风险、提高经济效益。

王诗烨在系统分析财务危机内涵的基础上，从公司治理角度和资本结构角度分析了财务危机的科学含义，进而从经济环境、国家政策、行业竞争环境等方面分析了企业财务危机产生的外部原因，从公司治理、经营管理和财务方面分析了企业财务危机的内部原因，从进一步完善内部控制制度、努力构建企业财务危机预警系统、进一步完善资本结构等方面提出了化解企业财务危机的政策建议。

胡雅琴认为，由于日益复杂的内外部环境，无处不在的企业财务风险会影响企业发展。近年来，扩张热潮在我国不断掀起，许多知名企业扩大经营规模，进行资产并购，搞多元化经营。然而，只有少数企业成功了，更多的企业折戟沉沙。海航集团曾经雄踞一方，乐视曾经也炙手可热，万达集团也曾被外界普遍看好，但是它们都无一幸免败在过度扩张上。加杠杆、疯狂扩张使这些企业出现严重财务危机，元气大伤。新兴产业中的代表乐视因扩张奄奄一息。近年来比亚迪大力发展新能源产业，进行大额投资但收益不佳。绿色发展是人类共同的诉求，我国也意识到绿色发展的重要意义。新能源车有良好的发展前景，比亚迪面临着前所未有的发展机遇。只要能有效防范财务危机，比亚迪必能迎来灿烂的黎明。虽然陷入财务危机的企业在规模、环境、地域等方面各不相同，但究其原因又有相似之处，主要是因为一些企业没有足够的危机意识，任由财务状况恶化。通过分析比亚迪的内外部环境，对比分析其历年财务状况，我们不难发现比亚迪产生财务危机的原因包括：过度追求垂直化整合、资金回收困难、成本优势不明显、资产利用效率低。

江霞指出，随着资本市场在我国的全面发展和市场经济的繁荣，发挥越来越重要的作用的民营企业对社会经济的贡献越来越大。2012年以来，我国的经济增长速度逐步放缓，产业结构处于调整的过程中。受外部环境的影响，近年来陷入财务危机的民营企业不断增加。财务危机不仅会严重影响企业的正常运营，而且会损害企业员工、股东、债权人的经济利益，还会给相关行业及资本市场的稳定性造成不良影响。因此，财务危机研究已成为国内外学者和管理者普遍关注的问题。江霞以发生亏损的庞大汽贸集团股份有限公司（以下简称"庞大集团"）作为研究对象，考虑内外部环境的变化给企业带来的风险，论述风险的传导机制，回顾庞大集团的发展历程，描述其在行业发展下陷入财务危机的过程，梳理其在财务危机前后的运营状况和财务状况。研究发现，在财务危机发生之前，庞大集团在盈利能力、偿债能力、营运能力和发展能力方面都存在恶化的情况。

刘金庚发现，随着中国经济的快速发展，中小企业在经济发展中处于重要地位，而财务危机是影响中小企业发展的重要因素。刘金庚通过对中小企业的财务危机进行研究，提出建立健全内部控制制度、提高中小企业的融资能力和投资能力、提高中小企业财务人员的风险管理素质和建立完善的财务预警机制等措施。

1.2.3 企业财务危机的预警

1.2.3.1 国外相关研究

（1）财务危机预警理论研究。

Argenti 最早认为财务危机产生的主要原因是企业管理不善、高杠杆经营和开发大项目。如果企业经营管理不善，在面对经营环境发生重大变化时，就不能及时采取相应措施，从而使财务状况恶化甚至企业破产。Sharma 和 Mahajan 指出，较低的企业管理水平及不可预测的事件会影响企业战略规划的实施，降低业绩水平。如果企业不能采取有效措施，将逐渐陷入财务危机。Hall 通过对英国官方接收的报告数据进行列联表分析发现，发生财务危机的企业在运营管理方面存在缺陷。Ooghe 和 De Prijcker 指出，企业发生财务危机的主要原因是缺乏商业计划及战略规划、管理能力不足、管理者过度自信、忽视环境变化等。

Asquith 等对 102 家陷入财务危机的企业进行了分析。结果表明，其中 69 家企业陷入财务危机的主要原因是企业运营绩效较差，24 家企业陷入财务危机的原因是行业衰退，9 家企业陷入财务危机的原因是利息费用较高。企业出现现金流量缺乏、支付能力不足等现象的主要原因是运营绩效较差、行业衰退和高杠杆经营，且这几个因素对企业经营的影响程度分别为 56.4%、22.2% 和 21.4%。Whitaker 以 267 家企业为样本进行研究。研究发现，其中77%的企业发生财务危机的原因是企业管理能力较弱，47%的企业发生财务危机的原因是行业经济不景气，38%的企业发生财务危机的原因是二者共同作用。

Collett等研究发现，企业管理不善、较高的债务水平、宏观经济条件的恶化和意外事件的发生是企业发生财务危机的主要原因。企业经营年限、资本供给、产业高成长性和经济衰退等外部因素的财务危机预警能力高于财务比率指标的预警能力。

（2）财务危机预警管理研究。

Fitzpatrick和Beaver最早使用单变量预警模型预测财务危机，但单变量预警模型对所选变量的依赖性较强，导致其预测结果并不稳定。之后，学者们构建多变量线性预警模型来预测企业财务危机。例如，Almamy等拓展了Z值模型，构建了J-UK财务危机预警模型；Pham Vo Ninh等构建了Logistic回归模型预测企业财务危机；Zmijewsk构建了Probit模型预测企业财务危机；Ben Jabeur在整合预警指标的基础上建立偏最小二乘Logistic模型预测企业财务危机。运用统计方法构建的财务危机预警模型因其结构简单、解释力度较强而被广泛应用。

1.2.3.2　国内相关研究

（1）财务危机预警理论研究。

毛长飞等指出，世界各国学者分别用不同的统计模型对信用风险进行全行业的实证研究，中国在此方面的研究尚处于起步阶段。毛长飞等综合运用多元判别模型、Logistic模型、主成分模型，分不同行业对企业财务危机进行预警研究；比较分析了不同行业预警模型的判别准确率，不同预警技术的判别准确率，多年度预警的可行性，预警模型的稳定性，大类、中类行业预警的通用性等问题，得出商业银行可以使用这些模型进行信用风险度量和信贷风险预警。

吴星泽认为，从有效地服务于现实企业财务危机预警的能力来看，财务危机预警成果均没有较好的表现。吴星泽对现有财务危机预警研究中存在的主要问题进行了深入分析，并结合现实所呈现出的一些新的经济特点，提出了嵌入利益相关者行为的以影响企业财务状况的两种基本力量为主要分析对象的财务危机预警框架和面向未来的敏感性分析方法。新的预警框架可以把现有框架未予考虑的大量相关信息纳入进来，从而减少"伪危机"和"伪健康"现象，提高财务危机预测的针对性和准确性。

吴本杰发现，很多企业都会陷入财务危机，甚至一些大企业会因为财务危机在一夜之间倒闭。而任何财务危机的发生都有一个逐步显现、不断恶化的过程，财务危机最终都会通过财务指标数据和非财务信息变量反映出来。企业财务危机预警系统，就是从财务角度对企业进行财务危机预警的财务分析系统。它通过对企业财务报表及相关经营资料的分析，利用相关的财务数据和非财务信息变量，预先告知企业所面临的危机情况，及时发现企业财务运营体系隐藏的问题，以提早做好防范措施并提出相应的危机处理措施。吴本杰认为，可以在财务数据的基础上加入股权结构、董事会信息和审计意见类型三类非财务信息变量，采用功效系数法进行财务危机预警研究：第一，提出了基于金融危机背景下财务危机预警研究的理论意义和现实意义；第二，阐述了财务危机的概念以及财务危机的理论基础，并对财务风险和财务危机两个概念进行了比较分析；第三，对我国目前财务预警体系存在的理论问题和实践问题进行了分析，并提出相应的建议；第四，针对存在的问题提出了财务预警系统的构建设想，在非财务信息变量中加入股权结构的指标设计、董事会信息和审计意见类型三类，选取家电行业中 ST*厦华（600057）和海信电器（600060）作为案例资料。

夏宇指出，近年来，国内外关于企业财务危机预警的研究有很多，但是大多数研究都是面向全行业的。在现实经济环境下，不同行业在运营方式上具有显著的差异。因此，为取得具有指向性的预警指标和预警模型，企业必须结合行业特点构建模型。夏宇以房地产企业为研究对象，采用理论研究和实证研究相结合的方式，进行房地产企业财务危机预警研究。在理论研究中，夏宇研究了企业风险、企业财务危机及预警等问题；结合房地产企业财务特征，从企业风险与企业财务危机形成机理的角度进行定性研究。在实证研究部分，夏宇选取我国 A 股上市房地产企业作为研究对象构建预警模型，研究流程为：选择样本企业→选取财务指标→财务指标显著性检验→剔除不显著财务指标→构建模型→模型检验。

郑清华认为，在竞争日益激烈的市场中，越来越多的企业面临着陷入财务危机的风险。随着企业危机意识的增强，企业财务危机预警的研究取得了长足的发展。由于财务指标的局限性，仅根据财务指标建立预警模型来预测财务危机具有不确定性。引入非财务指标、构建综合运用财务指标与非财务指标的全面预警指标体系，对提高财务危机预警模型的科学性、准确性和有效性具有重要意义。

王春利发现，决定企业能否正常运行的因素有很多，但其中最关键的因素是企业的财务管理，因为财务危机的发生会对企业经济活动造成直接影响，从而限制企业的长足发展。所以对于企业而言，科学、系统地构建财务危机预警体系是尤为重要的，能够把企业运作过程中显性或隐性的问题向企业管理者及时发出警报，也能提高决策指导的可行性。

李艳丽认为，在信息化时代，企业经营规模不断扩大。持续经营和保持竞争力是企业生存的重要目标，因此，企业必须有明确的经营战略。企业可以通过对月度财务报表的分析，建立财务危机预警体系，以期实现对公司财务危机的精准预测，分析企业可能发生财务危机的前兆，以便在企业公开的财务信息中发现蛛丝马迹，提前了解财务危机信息，以供企业管理者、投资者、债权人和金融机构等有效地做出相关决策，然后采取不同措施避免重大投资损失或防止破产。

李慧、温素彬等指出，有效的财务危机预警模型有助于企业及早发现、规避和分散企业财务风险。他们从财务危机产生的原因、财务危机预警指标评价体系构建、财务危机预警模型构建三个方面，对财务危机预警研究进行了文献综述，并指出现有文献存在的不足，以期为未来进一步完善财务危机预警研究提供支持。

陈育宁指出，我国提出加快构建以国内大循环为主体、国内国际双循环相互促进的新发展格局，标志着我国已进入新的历史发展时期。企业应深刻意识到机遇与危机并存的态势，当前经营活动中的诸多不确定因素会导致企业预期收益与财务收益的偏离。因此，加强财务危机预警体系建设是至关重要的。陈育宁分析了企业普遍存在的关键问题，并针对现阶段企业存在的问题提出整改对策，以期对企业有效化解危机与降低损失提供借鉴。

谭青等从环境嵌入的角度对企业财务危机预警模式进行研究，探寻企业财务危机的发生机理及影响因素，并从环境、组织、嵌入性等非财务视角分析如何建立一个有效的财务危机预警模型，克服财务危机预警模型事后性、片面性等缺点。从嵌入性的角度来看，将财务因素与非财务因素有机融合在一起，自上而下、由外向内地建立财务危机预警的指标体系，可以改善企业财务危机的预警效果。

王威等认为，财务危机给企业管理人员和广大利益相关者带来了巨大负面影响，如何事先识别财务危机发生的征兆已成为当前财务管理研究的热点。针对目前财务危机预警中存在样本数据不均衡、野值噪声干扰等难题，王威等提出一种基于模糊间隔孪生支持向量机（FMTSVM）的财务危机预警模型，并使用2018—2019年被证券交易所特别处理的66家A股上市企业数据作为样本数据，对模型进行实证研究。结果表明，与目前应用较为广泛的Logistic模型、支持向量机等预警模型相比，模糊间隔孪生支持向量机在模型预警精度、野值噪声下的抗干扰性、不平衡数据下的稳健性和分行业中的泛化性等方面都有明显优势，具有一定的理论价值和应用价值。

熊毅等在已有研究基础上，在传统财务指标中加入四类非财务指标——盈余管理程度指标、公司治理结构指标、审计师相关指标和市场价格指标，重新构建了财务风险预警模型；以我国 A 股非金融类 2007—2017 年上市企业的数据为样本进行了模型估计，并计算出 F 计分值来反映企业财务风险程度。结果表明，加入非财务指标的传统预警模型能提高模型的预警准确性。

（2）财务危机预警案例研究。

师旭丽发现，财务危机预警研究是一个在国内外都被广泛关注的研究问题。随着我国市场经济体制改革的深化和资本市场的快速发展，作为市场主体之一的企业在获得发展机会的同时，也面临着无尽的风险，如果不能及时、有效地控制或防范风险，财务危机就有可能发生，甚至企业可能走向破产。对于我国上市企业而言，因发生财务危机而被特别处理甚至被迫退市的情况时有出现。企业陷入财务危机不仅会危及自身的生存和发展，也会给投资者、债权人等利益相关者带来巨大的损失。及时预测企业面临的财务危机，经营者能够在财务危机处于萌芽状态时采取有效措施，是非常重要的。因此，构建一个有效、实用的财务危机预测模型，建立财务危机预警系统，对企业财务状况进行预测，显得十分必要和迫切。

杨娟发现，随着市场经济的发展，财务危机预警研究受到了越来越多的重视。我国的证券市场发展尚不完善，上市企业财务状况的好坏直接关系着投资者、债权人的利益。因此，利益相关者在进行投资或者在做贷款决策时，需要对企业的财务危机进行较为准确的预警。而经营管理者在日常的经营管理过程中，也需要对企业面临的财务危机进行及时的预警，以便采取相应的对策防止企业走向破产。杨娟在梳理前人的理论研究的基础上，首先对财务危机的定义进行了归纳总结，阐述了财务危机的特征；其次从外部因素和内部因素两方面分析了财务危机的成因；再次介绍了财务危机预警的概念及功能；最后阐述了财务危机预警理论的理论基础，包括周期波动理论、企业预警理论、经济预警理论及代理人理论。在实证研究部分，杨娟首先根据样本选取标准，通过新浪财经网和北京大学中国经济研究中心（CCER）数据库选取了 2011 年、2010 年沪深 A 股 48 家制造业上市企业，包括 24 家首次被 ST 或 ST* 的企业和 24 家财务状况正常的企业，并将其分成财务危机样本组和财务正常样本组；其次，按照指标选取原则，初选了包含偿债能力、营运能力、盈利能力、发展能力、现金流状况 5 个方面的 23 个财务指标及反映公司治理结构和审计意见类型的 9 个非财务指标；再次，对国内外主要的财务危机预警模型进行了介绍并最终确定使用 Logistic 回归模型；最后，利用 T-3 年、T-2 年的 23 个财务指标和 9 个非财务指标，借助 SPSS 统计软件进行正态检验及非参数检验，剔除检验结果不显著的指标；利用通过检验的 T-3 年的 7 个财务指标、T-2 年的 15 个财务指标和 2 个非财务指标，采用因子分析法和 Logistic 回归方法提出了以下 3 个模型：引入财务指标建立的 T-3 年财务危机预警模型、引入财务指标建立的 T-2 年财务危机预警模型、结合财务指标和非财务指标建立的 T-2 年财务危机预警模型，并比较这 3 个模型的拟合优度和拟合效果。实证结果表明，结合财务指标和非财务指标建立的 T-2 年财务危机预警模型的预警效果最好，引入非财务指标对提高财务危机预警模型的预测准确度有一定的帮助。

龚健认为，素有工业粮食之称的钢铁十分重要。我国国民经济的基础产业和支柱行业之一是钢铁行业，钢铁行业在我国工业现代化进程中起着无可替代、不可忽视的重要支撑作用，对我国经济发展和社会安定做出了举足轻重的贡献。我国向来都十分重视钢铁行业的健康发展，从 2003 年开始国家陆续出台了一系列宏观调控政策。虽然国家出台了一系列调控政策，但收效甚微。我国钢铁行业利润率连续多年低于工业利润率，2013 年广东韶钢松山股份有限公司和鞍钢股份有限公司被特别处理（退市风险警示），2014 年南京钢铁股份有限公司也被特别处理了，2015 年大部分上市钢铁企业艰难地徘徊于亏损和大幅亏损之间。如果对钢铁企业进行财务危机预警，及早诊断出财务危机并发出预警信号，使得决策者可以采取一定的措施，最大限度地防范和化解危机或者尽可能降低潜在的危害，或许我国钢铁行业的去产能进程会相对顺利一些。龚健在参考了国内财务危机预警的大量研究成果的基础上，结合我国上市钢铁企业的特点，运用数据挖掘技术，从财务危机预警的角度入手，对我国上市钢铁企业 2011—2015 年的主要会计和财务数据、员工人数及其受教育程度等数据做了深入研究，分析和比较多种财务预警方法对于我国上市钢铁企业的预警效果。具体而言，龚健采用大多数研究者普遍采用的财务危机标志，即因财务状况异常而被特别处理，作为上市企业陷入财务危机的标志。龚健以 40 家上市钢铁企业主要的会计和财务季度数据为样本，以每股指标、分红能力、收益质量、盈利能力、现金流量、偿债能力、成长能力、营运能力、资本结构等指标作为构建财务危机预警模型的预选指标变量，更关注财务危机企业的预警准确率，而不只关注全部企业的预警准确率。第一，对财务危机预警方法进行深入研究的目的是明确各种分类预测方法在钢铁企业财务危机预警中的应用效果，以便帮助投资者、债权人和管理者更及时、更准确地发现财务危机风险；第二，财务危机的预警分析，可以及时地发现企业存在的主要问题，并提出建议和对策，为钢铁企业的兼并重组、人员分流提供参考，更科学地把握我国钢铁行业发展方向，进一步深化我国供给侧结构性改革，为钢铁企业在国际钢铁再分配中占有一席之地保驾护航。

阿小燕认为，财务风险是客观存在的，如果企业的能力较弱且不能进行有效的风险管理，那么将会面临财务危机。因此，对众多企业的财务状况进行合理分类，对面临财务危机的企业构建一个科学的财务危机预警模型，不论是对于企业本身，还是对于投资者、证券监管者等其他利益相关者，都具有重要的意义。阿小燕以风险管理理论、危机管理理论等为理论基础，对财务危机及财务危机预警等概念进行界定，按行业对资源型上市企业进行分类，分析资源型上市企业所处的行业特征，构建嵌入行业特征因素的资源型上市企业财务危机预警变量框架体系，探究在综合考虑资源型企业的行业特征因素后，财务危机预警变量框架体系是否对于预测资源型上市企业的财务状况具有良好的效果。阿小燕以资源型上市企业为研究对象，选取我国2013—2016年沪深两市首次因财务异常而被特别处理的25家A股上市企业，按照1∶1的比例选取同年度、相同行业且被特别处理的前一年年末总资产规模相等或者相近的25家非ST公司作为配对样本，并将这50家公司作为研究样本。阿小燕选取14家ST企业及配对的14家非ST企业作为建模组样本，选取11家ST企业及配对的11家非ST企业作为预测集样本。她利用因子分析法和Logistic回归分析法构建了资源型上市企业的财务危机预测模型，得出预测准确率达到86.36%的结论。研究结果表明，财务危机发生的财务层面原因包括盈利能力、现金流量能力、偿债能力和资产管理能力的不足；在非财务层面，资源型上市企业人力资本结构不合理、企业治理结构和社会责任表现也是引发财务危机的重要原因。

王鲁认为，财务危机会给企业和利益相关者带来严重的经济损失。运用良好的财务危机预测模型获取有效信息，实时监控企业财务状况，对企业的日常运营具有重要的意义。因此，学术界研究的重点问题是如何提高财务危机预测模型的准确率。目前，虽然处理静态均衡数据的集成模型已经成为财务危机预测方法的研究重点，但并没有系统地考虑在组建集成模型时需要满足的条件，也没有考虑在集成过程中对分类器的动态选择。此外，大部分关于财务危机预测的研究仍采用静态均衡数据进行建模，模型预测所需的样本数据只是某些特定时期均衡样本的静态财务数据，并没有考虑这些财务数据具有随时间变化而逐渐递增的动态特点，也没有考虑现实中发生财务危机的企业数量远远少于未发生财务危机企业数量的非均衡特点。鉴于已有预测模型的不足，王鲁以我国上市企业为研究对象，分别针对两种形式的样本展开研究。一种是静态均衡数据流形式的样本。在明确集成模型需要满足的条件下，即构建多分类器的选择集成模型，形成动态挑选预测性能最优的分类器组合模式。另一种是动态非均衡数据流形式的样本，即构建一种既能动态选择样本又能处理非均衡数据的动态预测模型，从而解决模型处理财务数据增量的问题，提高模型处理非均衡数据的能力。首先，确定样本和财务指标体系。在选取样本的过程中，从财务危机和财务危机预测的基础理论出发，明确样本企业选择的依据，分析危机样本和健康样本应该选择的企业类型，共挑选了2007—2016年沪深两市A股制造业主板上市企业中648家企业作为样本。其中，财务危机的样本选自被特别处理的企业，且被选时前三年运营正常、未被特别处理过。财务健康的样本选自从未被特别处理过的企业，且样本数量是按照危机与健康样本1∶3的配比比例进行选择。根据财务指标的选取原则确定了37个指标为备选财务指标，通过正态性检验和非参数检验，去掉差异不够明显的财务指标，最终确定了样本数据。其次，采用非线性流形学习降维样本数据。介绍数据降维的各种方法，分析非线性流形学习算法降维财务指标样本数据的优势。在明确了ISOMAP、LLE和LE算法的基础之上，分别采用这三种算法对样本数据进行降维，构建多个特征子集，从多角度反映财务信息的数据特征。再次，针对静态均衡样本，建立两阶段选择性集成模型，动态预测财务危机。分析推导出集成方法需要满足的条件，即基分类器的准确性和多样性，并论述选择性集成的必要性。按照这些条件，构建两阶段选择性集成模型的框架，并说明这种模型框架的构建思想。为了提高基分类器的准确性，采用核函数方法改进模糊自组织特征映射模型，解决了模糊自组织特征映射要求数据满足球形分布的限制。为了提高基分类器的多样性，分别采用3种不同核函数改进模糊自组织特征映射并构成3种模型，将ISOMAP、LLE和LE算法处理后的3个样本数据分别代入3种模型中，构建具有差异的9个基分类器。最后，阐述两阶段选择性集成模型的构建过程：第一阶段，将基分类器按照3种规则进行排序，分别采用逐步前向选择法进行选择性集成，构建3种选择性集成模型；第二阶段，根据不同类型的样本企业，对3种模型再集成构建最终的选择性集成模型。实证结果表明，采用这种两阶段选择性集成模型处理静态均衡数据，能够有效提高财务危机预测的准确率。对财务危机动态预测的集成方法进行研究，丰富了处理静态均衡财务数据的模型构建思路，丰富了处理动态非均衡财务数据流的建模思想，具有重要的理论意义和实践意义。

万庭君指出，目前在国内外学术界，财务危机预警理论是学者们研究的重点，财务危机预警理论不断涌现，但财务危机预警大多数都是面向整个市场的，财务危机预警具体针对某行业、某企业的研究还比较少，而在现实生活中，不同行业间的管理模式存在着巨大的差别。近年来，我国经济下行的压力与产能相对过剩的矛盾有所加剧，尤其对于有色金属行业来讲，国内市场竞争日趋激烈，产品价格不断下降，有色金属行业前景堪忧。有色金属企业通常面临着较大的财务风险，所以建立合适的财务预警机制来帮助企业管理层准确预测企业财务危机、提前采取措施、防止企业破产，就显得尤为重要。万庭君从有色金属行业出发，用具体的案例进行财务危机预警研究，首先对国内外财务危机预警的理论与模型进行文献综述；其次对有色金属行业的特点进行分析，根据有色金属行业的特点构建适合有色金属企业的财务危机预警模型，测试模型的有效性，分析有色金属企业陷入财务危机的原因；最后结合有色金属企业的特点进行分析，提出合适的财务危机防范措施。在对A企业的财务风险诊断方面，万庭君通过构建的支持向量机模型对A企业的财务状况进行风险预测，预测A企业将会出现财务危机，之后通过运用单变量模型的分析方法对A企业进行财务风险的识别，主要从营运能力、盈利能力、偿债能力、发展能力、现金流能力这五个维度来进行风险分析，发现了A企业在销售渠道的拓展、存货的管理、研发支出等方面都存在问题，并且针对存在的问题为A企业提出相应的解决方案。

任广乾引入董事会结构行为、忠诚行为、胜任行为和声誉行为构建财务危机预警模型，以2016—2017年被特别处理的企业作为样本，分析了不同董事会行为对财务危机的影响，比较了不同行业、规模和控股股东性质的企业的董事会行为特点及其对财务危机发生概率的影响。实证研究结果表明，引发企业财务危机的因素包括董事会稳定性、资金侵占行为、投资者保护行为、高管变更行为、关联交易行为以及董事会治理行为强度。其中，对企业财务危机的反应时间最长的是董事会稳定性为和关联交易行为，董事会决策行为独立性对企业财务危机的反应以及投资者保护行为的响应最为迅速。

武芳芳指出，基于企业的财务数据和运营情况的财务危机预警，能够更有针对性地分析企业所面临的破产、退市等潜在危机。这对企业极为重要，国内外学者的研究重点都聚焦在财务危机预警方面。当前，科技创新是实现高质量发展的重要途径。随着5G技术的兴起，技术变革对通信企业来说十分困难。武芳芳以B企业作为案例，基于财务危机预警的模型及重要理论，选择适合B企业财务危机预警的Logistic模型，阐述了对B企业进行财务危机预警的必要性，为B企业构建财务危机预警模型奠定了基础；通过对创业板上市企业财务危机的界定，选出39家财务危机企业，并根据1∶1企业配对原则选取39家相似规模的企业，组成样本数据。武芳芳在对B企业财务危机预警现状进行了解的基础上，以我国创业板上市企业公开披露的财务数据为基本信息，构建财务预警指标体系；随后采用SPSS 21.0统计软件，利用数理统计的方法对预选指标变量进行了检验和筛选，对筛选指标变量进行因子分析，为B企业建立财务危机预警Logistic模型。该模型可以基于第t年财务数据，实现对第$t+2$年的财务危机预警。结果显示，所建模型适合B企业，可以实现对B企业的财务危机预警。

马闪霞发现，近十几年来环境问题日益突出。在供给侧结构性改革和国家政策引导的大背景下，转型升级对汽车产业来说势在必行，汽车产业转型升级的突破口是新能源汽车。新能源汽车业在发展中既面临着机遇又面临着风险。风险既包括来自企业内部的风险，又包括来自企业外部的风险，不管是内部风险还是外部风险，都会对企业的财务状况产生不同程度的影响。新能源汽车业属于新兴行业，面临较大的财务风险，尤其对新能源汽车上市企业来说，稍有不慎就有可能面临退市的风险。所以，新能源汽车上市企业必须足够重视其财务危机预警问题，选择合适的财务危机预警方法，及时向利益相关者发出预警信号，使经营者提前采取预防措施防范企业发生财务危机，使投资者和债权人做出正确决策。这不仅能对新能源汽车产业财务状况的良性循环起到关键作用，还能促进新能源汽车产业持续、健康发展。马闪霞以新能源汽车上市企业作为研究样本，以非均衡理论、期权定价模型理论、契约理论、管理学和企业战略学理论作为研究的理论框架，采用了文献分析法、比较分析法、规范性研究和实证研究等多种方法，从文献综述、相关概念及理论基础、研究样本与指标变量的选取和实证分析这几个主要方面展开研究。马闪霞使用 Excel 软件对新能源汽车上市企业的财务数据进行预处理，然后使用 SPSS24.0 软件进行实证分析。在实证分析部分，她首先选择 F 分数模型这一预警方法对样本企业进行预警实证分析，并判断该预警方法的预测准确率；其次选择 Logistic 模型构建财务危机预警模型并对样本企业进行实证分析，判断该模型的预警准确率；最后，比较分析这两种预警方法在新能源汽车上市企业财务预警中预测准确率的高低和预警效果的优劣，从而选出最适合新能源汽车上市企业的财务危机预警方法。研究结论如下：第一，基于 F 分数模型和 Logistic 模型构建的新能源汽车上市企业财务危机预警方法在 T-1、T-2、T-3 年的预测准确率及综合预测准确率都是最高的，预警效果最好；第二，这两种预警方法在财务危机发生前的 T-1 年预测准确率最高，在财务危机发生前的 T-3 年预测准确率最低；第三，这两种财务危机预警方法在 T-1

年、T-2年都适用于新能源汽车上市企业财务危机预警研究，但是在新能源汽车上市企业的财务危机预警方法中，基于Logistic模型构建的财务危机预警模型是较适合的。

任思佳认为，我国农业产业资本化重要的融资方式和途径是企业上市，促进农业现代化的关键也是企业上市。随着我国经济发展进入高质量发展阶段，当前更加重要的任务是推动农业农村现代化。随着资本市场改革不断深化，相比其他产业的上市企业而言，农业上市企业在生产经营过程中受自然因素和客观因素的影响较为明显，不可控因素较多，面临的财务风险更为复杂。农业上市企业追求经营效益最大化与风险最小化，财务状况没有得到提升。近年来，农业上市企业财务危机频发，因此管理者需要加以重视。因此，建立一套完善的、可操作的财务危机预警体系，制定有效的防范措施来防范财务危机至关重要。任思佳依托财务危机预警与防范相关理论，对财务危机、财务危机预警等概念及相关的理论进行了梳理，确定了研究对象，即选取了具有代表性的农业上市企业J作为研究对象，以农业行业上市企业为样本，选出具有代表性、针对性的财务指标。这一步是构建模型的基础。首先，对初步选择的指标进行显著性检验，筛选出财务指标并构建财务指标体系。其次，利用因子分析法和相同变量的共同性质，对样本组指标体系的主成分进行提取，得出各指标在各个主成分因子的贡献率，即各自所占权重大小，最终明确因子F的计算公式，得到各大因子的得分结果。最后，利用二元Logistic回归方法，将上一步骤得到的最终因子作为协变量，将企业是否发生财务危机作为因变量，并利用测试组数据验证模型的有效程度。研究结果表明，农业上市企业的盈利能力、偿债能力及现金流情况会影响企业财务状况，严重时会导致企业陷入财务困境。具体涉及的财务指标有：每股收益、资产负债率、现金流动负债比率、现金债务总额比率、销售现金比率、营运资金占资产比率、销售净利率等。

陈高健指出，近年来我国农业上市企业在不断发展的过程中也暴露出了一系列的问题，如主营业务衰退、多元化经营失误、"背农"经营现象严重、公司股权结构不合理、治理结构不完善等。这些问题已经导致我国农业上市企业整体经营绩效下滑、经营风险加大，并严重影响农业上市企业市场竞争力和可持续发展的能力，企业财务风险急剧加大。同时，农业行业具有与其他行业不同的生产特点和经营状况，农业企业由于其行业特性，更容易受到自然因素的影响，所以在投资、融资和运营等方面也比其他行业更容易发生财务危机。因此，构建一个适合我国农业上市企业的财务危机预警模型，使企业在财务危机到来之前预先察觉并及时采取措施，对稳固农业行业在我国的重要地位具有十分重要的现实意义。对此，陈高健基于2015—2019年我国42家农业上市企业的财务报表数据，在分析农业上市企业经营情况的基础上，从企业盈利能力、偿债能力、经营发展能力、营运能力、现金流能力五个维度的财务因素和非财务因素构建适用于我国农业上市企业的财务危机预警指标体系，最后创建了BP神经网络预警模型对农业上市企业财务危机进行实证研究。具体研究过程与结论如下：①基于我国农业上市企业财务指标，研究发现，在资产总额方面，农业上市企业都与其他上市企业的平均水平有一定差距，并且在盈利能力、偿债能力、发展能力、营业能力和现金流能力各个财务维度上都比较薄弱，暴露出了一定的财务风险。②针对农业上市企业财务危机现状进行了研究，目前我国有4家农业上市企业被特别处理，占所有被特别处理上市企业数量的2.86%，而农业上市企业数量仅占全部上市企业数量的1.1%，农业上市企业相比其他上市企业存在更大的财务风险。③构建农业上市企业的财务危机预警指标体系，根据预警指标的选取原则，初步确定了24个财务指标和3个非财务指标，再通过对指标进行正态检验与显著性分析，最终确定了17个财务指标和2个非财务指标。④构建了农业上市企业财务危机的BP神经网络预擎模型与Logistic预测模型。预测结果显示，BP神经网络预警模型对财务危机的预测准确率达到了75%,而Logistic模型对企业财务危机的预测准确率仅为50%。最后,两个模型均显示农业上市企业的运营能力和现金流能力对企业财务状况具有重要的影响,这对我们预测并防范财务危机提供了帮助。

1.2.4 企业财务危机的治理

1.2.4.1 国外相关研究

(1) 企业财务危机治理理论研究。

Quinlan通过对诸多预测模型进行利弊衡量,运用熵值法衡量并确定相关财务指标。Molgedeya等提到,预测企业未来的财务状况是一项非常吸引人的研究课题,而能找到一种能预知企业未来财务状况是否恶化的方法更让众多研究者孜孜不倦。研究发现,条件熵能较为准确且全面地反映企业在未来的各种财务状况。这些财务状况包括财务危机、企业破产等较为极端的经济现象。Ting-ya Hsieh等在对那些陷入财务危机的企业进行实证检验时,用熵权法将重要的财务指标从众多指标中分离出来,从而减少实验数据、简化实验过程,也能使实验结果更为准确。

此外,也有一些学者从信息效率角度来预测或评价企业财务状况,熵理论作为一种衡量信息效率的理想工具自然而然成为其中的主角。Zhou等认为,投资者经常依靠历史数据来评判或预测目标公司的财务状况,却常常由于客观原因不能获得充分的数据信息,因此,想要从有限的数据中获得更多的信息量,需要一种有效的方法来最大限度地提高信息使用效率。通过比较分析,学者们发现利用相对最小熵的方法建立新型的评价模型能有效解决数据匮乏和评价有效性的问题。无独有偶,意大利的Wiston Adrian Risso在《信息效率和财务危机》一文中针对企业财务危机的动态特征,将熵和时间序列分析方法相结合,试着在某一时间窗口用这一方法来衡量样本中的信息质量。他用这一模型对日本、马来西亚、俄罗斯、墨西哥和美国的证券市场中的上市企业进行研究,从而寻找股市信息效率的高低与上市企业发生财务危机概率之间的关系。

(2)企业财务危机治理案例研究。

一些研究人员尝试着将其他方法与熵理论相结合,同样得到了较为理想的研究结论。例如,在对企业财务困境进行预测时,Li-Jen Ko 等将熵理论与决策树相结合,构建了能预测企业财务危机的预警模型,从而简化了决策树的结构。Wang 等将熵权法和粗糙集相结合,建立了一种能够客观地选择财务危机预警指标的方法。

国外的危机管理专家发现基于熵理论的财务危机预警模型的精确度较高,许多学者通过统计研究发现,该方法的精度与其他方法相比,准确性更高。例如,Aziz 和 Humayon 对 89 篇关于企业破产预警的学术论文进行统计比较,发现基于熵理论的财务危机预警模型的预测准确度达到 85%。

1.2.4.2 国内相关研究

(1)企业财务危机治理理论研究。

姜秀华、孙铮讨论了财务危机与企业治理结构的关系,给出了预测上市企业财务危机的 Logistic 回归模型,并基于 13 个分析变量的 Logistic 回归模型展开研究。四个相对值被赋予这一模型中,即股权集中系数、其他应收款与总资产的比率、毛利率、短期借款与总资产的比率。其中,企业治理结构的直接表征是股权集中系数。

罗瑶琦认为企业因经营管理不善而陷入财务危机甚至走向破产、倒闭的现象时有发生,如何有效防范和治理财务危机成为企业面临的一项重要任务。罗瑶琦首先总结了财务危机的四个基本特征;其次从四个不同角度分析财务危机产生的原因,并在此基础上从资产负债率、风险意识、资本结构、资金管理、投资行为、防范机制六个方面探讨财务危机综合治理的具体措施。

朱春梅、蔺玉等将财务危机预警系统纳入公司财务治理结构中,根据财务契约与财务预警的关系，对财务危机预警系统的信息传输渠道和反馈方法进行规范化处理，以提高预测的有效性。从股权契约、报酬契约、信贷契约和其他利益相关者契约与财务危机预警的关系入手，朱春梅、蔺玉等分别讨论了在股东之间、股东与经营者之间、债权人与股东和经营者之间如何利用契约的形式，以保证财务危机预警系统在公司治理中发挥作用。

李豫湘、胡新良介绍了引发企业陷入财务危机的内因——企业治理结构，从理论角度分析了企业治理结构对财务危机的影响，并从企业内部经营管理、股权结构、董事会结构等角度，梳理了国内外关于财务危机与企业治理结构关系的研究。

许存兴选取沪深两市233家企业为样本并进行配对，选取现金到期债务比指标来构建财务危机预警模型。

吴本杰认为，中国不可能在全球金融危机的背景下独善其身。鉴于此，吴本杰提出，企业在经营过程中防范财务危机的策略如下："现金为王"，严格控制资产负债表中的杠杆率，做好成本控制，提高企业应对风险的能力。

李夏怡认为，企业财务活动处于失控状态或紧急状态，就是所谓的财务危机。这时，企业偿付能力和盈利能力被削弱了，财务危机本身存在一个由潜伏、发展以至最终爆发的阶段性特征，是一个动态过程。面对"优胜劣汰，适者生存"的市场竞争环境，我国上市企业的财务状况面临着前所未有的巨大冲击。鉴于此，每一家上市企业迫切需要建立一套能预先防范财务危机、诊断危机并有效处理财务危机的管理系统，来帮助企业规避和化解可能出现的财务危机。目前，虽然已有一些举措来应对财务危机，也有众多财务危机预警理论能够有效预测财务危机，但这些成果仅仅局限于财务危机的某个阶段，却鲜有针对财务危机治理全过程的理论来指导实践工作。面对这一窘境，熵理论以其对不确定因素有效度量的特点，为财务危机治理打开了崭新的研究视角。熵权法能够梳理影响财务危机发生的各种因素的重要性程度，熵变思想从理论高度描述了财务危机的动态变化过程，管理熵理论又为财务危机治理提供了科学的管理路径。基于熵理论的上市企业财务危机治理研究是一个包括财务危机的事前预警、事中处理以及事后完善的系统，主要目的是减少企业价值损失，维护企业财务系统安全运行。为此，李夏怡结合财务危机的阶段性特征，从企业财务危机的潜伏期、爆发期和消退期几个阶段展开研究。在该体系中，熵理论将其优越性充分地展现在财务危机治理全过程，从而形成一个基于熵理论的财务危机治理系统。

张庆阁指出，在 2008 年金融危机中，我国企业遭受了较大的财务管理危机，我国企业需要提高管理效率，有针对性地完善财务管理机制与财务危机防范措施，提高市场竞争力。

（2）企业财务危机治理案例研究。

王虎超等发现，与高盛、花旗等其他投资银行一样，美林公司由于从事大量与衍生金融工具有关的表外交易，其财务报表连续披露巨额亏损，进而引起公司每股盈余与股价的大幅下跌，美林公司的财务危机也随之爆发。

李秉成等针对集团企业的财务危机风险传染问题，研究了我国集团企业内部是否存在财务危机传染效应及治理效应，并进一步探讨了集团企业内部财务危机的传染路径。研究发现，集团企业的财务危机传染效应确实会伴随着集团内部企业财务危机的发生而出现。集团企业良好的控制制度和资本市场效率可以降低财务危机传染效应，而高管兼任人数的增加会加强财务危机传染效应。

刘柯杰认为，财务危机已经成为阻碍国有企业进一步深化改革的重要因素。刘柯杰深入分析了引发国有企业财务危机的根本原因，探讨了企业财务危机解决的主要方式，并提出了一种以重组国有企业治理结构为核心的解决思路。

何巍指出，A股市场频发的上市企业财务危机事件吸引了学术界的大量关注。何巍基于现有研究成果，从企业治理角度讨论了上市企业财务危机的内部治理根源，分析了双重委托代理关系造成的代理成本在企业财务危机中产生的不良影响。研究发现，因代理问题导致的上市企业财务危机往往会严重侵害中小股东的合法利益。

1.2.5 文献述评

国内外学者从理论、案例到实证等方面对企业财务风险、财务危机、财务危机预警和财务危机治理进行了大量研究。对于资源型企业财务风险、财务危机、财务危机预警和财务危机治理，学者们也展开了一些研究，但都侧重从一个方面展开研究，没有结合资源型企业的财务风险、财务危机预警和治理等展开整体研究。本书从整体上研究资源型企业的财务风险、财务危机、财务危机预警和财务危机治理，为资源型企业实现高质量发展提供理论支撑和实践举措。

1.3 研究方法与技术路线

1.3.1 研究方法

（1）文献分析法。本书利用文献分析法深入剖析资源型企业的财务危机、财务预警和企业治理情况。

（2）定性分析与定量分析相结合方法。本书在对资源型企业财务风险问题进行成因定性分析的基础上，运用项目质量分析方法、Z值模型等量化方法度量资源型企业的财务风险、财务危机，力图使本书的研究具有理论性和可操作性。

（3）案例分析方法。本书运用一般财务风险管理理论和财务危机治理理论等分析资源型企业实际情况，揭示财务危机实质及规律，为本书的创新研究提供事实依据。

1.3.2 技术路线

本书的技术路线详见图1-1。

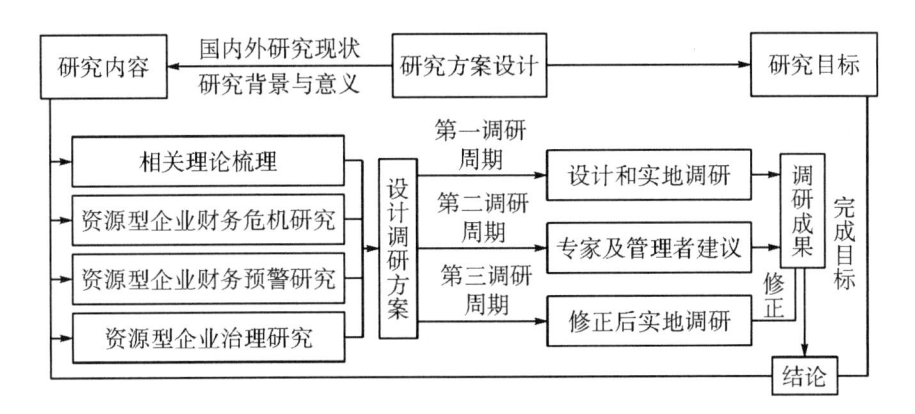

图 1-1 本书的技术路线

1.4 基本框架与结构

根据研究方法和技术路线，本书按以下框架展开写作：

第1章，绪论。本章阐述本书的研究背景，梳理了财务风险、财务危机、财务危机预警和财务危机治理相关研究文献，介绍了研究方法、技术路线、写作框架等。

第2章，相关概念及理论。本章主要进行相关概念的界定及相关理论的阐述，为后续内容做好铺垫。

第3章，资源型企业现状。本章主要分析了我国资源型企业分类及特点，重点阐述我国资源型企业上市情况及特征。

第4章，资源型企业财务危机分析。本章阐述了资源型企业财务危机特征、表现、原因、危害与处置方法，定性分析了资源型企业财务危机，并结合W稀土股份有限公司、C股份有限公司和SXZ企业三个案例，从资本结构质量分析、利润质量分析、现金流量质量分析等角度进行财务风险和财务危机定量研究。

第5章，资源型企业财务危机预警。本章对企业财务危机预警模型进行了论述，在财务危机预警研究中采用业绩分析和Z值分析展开研究。

第6章，资源型企业财务危机的治理。本章从资源型企业治理结构、资源型企业治理机制弱化表现和资源型企业应对治理机制弱化的措施等方面进行研究。

第7章，研究结论与不足。资源型企业应更加重视财务风险和财务危机治理，在管理方面采用项目质量分析方法进行财务危机识别和Z值判断，并采用相应的财务危机治理措施。

1.5 本书创新之处

本书试图在以下方面有所创新：

（1）项目质量分析方法在识别资源型企业财务风险和危机时更加有效。本书通过对W稀土股份有限公司、C股份有限公司和SXZ企业三个案例的资本结构质量分析、利润质量分析、现金流质量分析，探究这三家企业潜在的财务风险和财务危机。

（3）Z值分析更适合资源型企业财务危机预警。本书结合项目质量分析，对W稀土股份有限公司、C股份有限公司和SXZ企业三个案例进行研究并做出Z值趋势判断。

2 相关概念及理论

2.1 相关概念

2.1.1 资源及资源型企业的界定

(1) 资源。广义的资源是人力、物力、财力等各种物质要素的总称,有自然资源和社会资源之分,狭义的资源仅指自然资源。自然资源可分为可再生资源、可更新资源、不可再生资源。可再生资源可以被反复利用,包括气候资源、水资源、地热资源、水力、海潮等;可更新资源可以生长,其更新速度受自身繁殖能力和自然环境因素的制约;不可再生资源形成周期长而消费速度比较快,如矿产资源中的金属矿、非金属矿、核燃料、化石燃料等。

(2) 资源型企业。资源型企业是指,通过占有不可再生自然资源,以不可再生资源开发为主或以其为主要投入,辅以后续初级加工,尽可能利用区域内现有的自然条件,依靠资源的消耗实现成长,最终以盈利为目的,具有法人资格,实行自主经营、独立核算的经济实体。

2.1.2 企业财务风险、财务危机、财务危机预警和财务危机治理

2.1.2.1 企业财务风险

企业在其开展的各项财务活动过程中,由于受到各种难以预料或无法控制的因素的影响,财务状况存在不确定性,因此有蒙受经济利益损失的可能性。企业财务风险包括广义和狭义两个层面。狭义的企业财务风险最初仅指因为企业举债等筹资和融资行为引发的风险。随着学术研究的深入,企业财务风险的含义逐步扩展为导致企业财务收益损失的全部不确定性。广义的企业财务风险不仅包括企业的筹资风险,还包括投资风险、利率风险和信用风险等。财务风险具有以下特征:

(1) 客观性。

财务风险具有客观性。复杂多变的客观环境、相关人员的主观判断局限等因素,导致财务风险客观存在,财务风险无法全部消除。消除财务风险不是企业进行财务管理活动的最终目标,而是要在科学分析的基础上将企业的财务风险控制在相对安全的范围内,并采取有效的防范措施。

(2) 广泛性。

财务风险具有广泛性。在企业的各种财务活动中,财务风险广泛存在。无论是某一个或某几个环节发生了财务风险,企业的整个生产经营活动都会因此而受到影响。

(3) 可变性。

财务风险具有可变性。导致企业资金流转效率不稳定的因素可能是财务风险,导致企业资本运营收益不确定的因素也可能是财务风险。财务风险随时可能会发生变化,企业要因势利导地应对财务风险的发展趋势。

(4) 二重性。

财务风险具有二重性。财务风险的二重性包括损失性和收益性。风险和收益是孪生兄弟,较高的财务风险可能给企业带来收益,但也可能给企

业带来毁灭性的打击。较低的财务风险使企业处于安全边际之内，但也可能导致企业效益停滞不前。因此，企业需要正确认识财务风险的二重性，不断提高将风险转化为收益的综合能力。

(5) 激励性。

财务风险具有激励性。所有企业必须面对客观存在且不可消除的财务风险。企业要积极更新风险管理理念，努力提高应变能力，采取各种措施防范和规避财务风险，不断提高企业的财务收益。

企业在评估风险时必须采取必要的措施，使风险水平控制在某一可以接受的水平上。动态风险管理是一个过程，包括潜在风险识别、检测评估风险程度和控制风险等环节。风险管理的最终目的在于减少和控制风险，提高企业的经济效益或社会效益。企业发生财务危机是风险管理失败的体现，因此进行财务危机预警是必然之势。财务危机预警应当既要针对企业运营中存在的潜在风险，又要针对决策管理流程中存在的风险。全面监测和控制各种导致财务危机发生的因素，方可提高企业的风险管理能力。

2.1.2.2 财务危机的概念

企业财务危机的实质是资金配置失效，表现为支付能力与支付压力不匹配。这种不匹配的表现形式有多种：支付时间的不匹配、支付形式的不当、支付能力的不足。支付时间的不匹配通常是因为支付时间过于集中而现金流入过于分散造成的；支付形式的不当，会造成现金流入和支付能力不匹配；有些企业因为盲目扩张、融资规模过大等决策失误给企业带来较大的支付压力，继而引发财务危机。

2.1.2.3 财务危机预警

财务危机预警是对企业的财务危机进行预测、警示的一种风险控制机制。财务危机预警的最终目的是要全面深入分析造成企业财务危机的各种原因，并及时向企业经营管理层等利益相关者发出警示，寻找治理对策，规避风险。

企业财务危机治理与财务危机预警呈互补关系，财务危机预测与控制是企业危机管理的重要环节。财务危机预警系统是企业危机管理的重要子系统，能弥补企业危机管理中机理分析和数据研究的不足，完善危机管理实证研究。企业财务危机预警，就是对财务危机预警变量进行动态监测，对影响企业生存、发展的重大战略问题进行全程跟踪，并做好应对策略防患于未然。从短期来看，财务危机预警能够确保企业的稳健运营；从长期来看，改变组织习性并维持适当的弹性来面对各种财务危机有利于为企业创造安全的运营环境。

2.1.2.4　财务危机治理界定

财务危机治理是一个动态、全面的过程，包括财务危机潜伏期的危机预警、财务危机爆发期的危机处理、财务危机消退期的完善与改进举措。这三个阶段所采取的措施即财务危机治理的内容。

2.2　相关理论

2.2.1　可持续发展理论

可持续发展是指既满足当代人需要的可持续发展，又不对后代人满足其需要的能力构成危害的发展，并以公平性、持续性、共同性为三大基本原则。可持续发展追求的是整体发展和协调发展，协调发展包括经济、社会、环境三大系统的整体协调，也包括世界、国家和地区三个空间层面的协调，还包括一个国家或地区经济与人口、资源、环境、社会以及内部各个阶层的协调，可持续发展源于协调发展①。世界经济的发展呈现出因水平差异而表现出来的层次性，这是发展过程中始终存在的问题。但是这种发展水平的层次性若因不公平、不平等而加剧，会最终影响整个世界的可持续发展。可持续发展思想的公平发展包含两个纬度：一是时间维度上的公平，当代人的发展不能以损害后代人的发展能力为代价；二是空间维度上的公平，一个国家或地区的发展不能以损害其他国家或地区的发展能力为代价。公平和效率是可持续发展的两个"轮子"。可持续发展的效率不同于经济学的效率，可持续发展的效率既包括经济意义上的效率，也包括自然资源和环境意义上的效率。因此，可持续发展中的高效发展是指经济、社会、资源、环境、人口等协调下的高效率发展。

人类社会的发展表现出全球化的趋势，但是不同国家与地区的发展水平是不同的，而且不同国家与地区又有着不同的文化、制度、地理环境、国际环境等。可持续发展是一个综合性、全球性的概念，包含了多样性、多维度的内涵。因此，在可持续发展这个全球性目标的约束和指导下，各国与各地区在实施可持续发展战略时，应该从国情或区情出发，走符合本国或本地区实际的可持续发展道路。

2.2.2 财务危机治理理论

财务危机预警理论和财务危机处理理论是财务危机治理理论的重要内容。企业预防财务危机的重要组成部分是财务危机预警；财务危机的处理则是指解决危机所采用的方法和依据的程序。财务危机预警理论和财务危机处理理论在企业财务危机治理中发挥着重要的作用。

---

① 1987年，联合国布伦特兰委员会将可持续性定义为"既满足当代人的需求，又不损害后代人满足其需求的能力"。很多发展中国家正想方设法满足自己的发展需求，但随着气候变化的威胁日益增加，各国（地区）必须做出切实努力，确保当代人的发展不会给后代人的发展带来负面影响。2015年9月25日，联合国可持续发展峰会即将在纽约总部召开，联合国193个成员在峰会上正式通过17个可持续发展目标。可持续发展目标旨在从2015年到2030年间以综合方式彻底解决社会、经济和环境三个维度的发展问题，转向可持续发展道路。

3 资源型企业现状

3.1 资源型企业分类及特点

3.1.1 资源型企业的分类

资源型企业包括采矿业下属的煤炭开采和洗选业，石油和天然气开采业，黑色金属矿采选业①，有色金属②矿采选业，非金属矿采选业，其他采矿业内企业；制造业下属的石油加工、炼焦和核燃料加工业，非金属矿物制品业，黑色金属冶炼和压延加工业，有色金属冶炼和压延加工业及金属制品业等共计 12 个行业的企业。

3.1.2 资源型企业的特点

(1) 过度的依赖性。资源型企业与非资源型企业相比，对自然资源的依赖性更强。一方面，自然资源作为企业的立根之本，是企业的直接劳动

---

① 黑色金属矿采选是指对铁矿石、锰矿、铬矿等钢铁工业黑色金属原料矿的采矿、选矿，其主体活动是铁矿采选。
② 有色金属是铁、锰、铬以外所有金属的统称，可分为重金属、轻金属、贵金属及稀有金属。重金属：如铜、铅、锌。轻金属：如铝、镁。贵金属：如金、银、铂。稀有金属：钨、钼、锗、锂、钢、铀。

对象；另一方面，资源型企业的依赖性还表现在对劳动者技能和特定资源的依赖上。

（2）高风险性。由于矿产资源地下矿床成分复杂、赋存隐蔽，矿业工作具有不确定性，探索性强，因此不同程度的投资风险必然存在于探索和研究的过程中。

（3）经济效益的递减性。一般情况下，资源型企业通常要经历投产期、生产期和退化期三个阶段。到了第三个阶段，随着开采范围内资源储存量的逐年减少，企业生产成本会逐渐增加，企业经济收益也就开始趋减。

（4）工作环境的艰苦性。资源型企业的工作环境相对艰苦且存在诸多不安全因素。工作环境的艰苦性和不安全性，导致企业吸引和留住高素质人才的难度大大增加。

（5）生态环境的破坏性。自然资源是自然生态系统中不可或缺的一部分，自然资源的开发和利用必然会给生态系统和自然环境造成一定程度的破坏。

（6）产品的可延伸性。传统资源型企业的深加工产业链可以进行延伸。资源型企业处于产业链的最上游，具有很强的效益传递功能和经济辐射效应。

3.2 资源型企业上市情况及特征

3.2.1 资源型企业上市情况

3.2.1.1 煤矿资源类上市企业

（1）采选类煤炭上市企业有：大同煤业、贤成矿业、盘江股份、靖远煤电、国投新集、恒源煤电、兖州煤业、国阳新能、西山煤电、平煤股份。

(2) 煤炭焦化类上市企业有：开滦股份、国际实业、山西焦化、美锦能源、四川圣达。

(3) 煤炭综合类上市企业有：中国神华、平庄能源、潞安环能、中煤能源、上海能源、金牛能源、兰花科创。

(4) 煤炭作为辅业的上市企业有：爱使股份、神火股份、郑州煤电、安泰集团。

3.2.1.2 石油资源类上市企业

石油资源类上市企业主要包括：

(1) 勘探与生产占 38.25%、炼油与化工占 51.42%的中国石油。

(2) 勘探与生产占 8.65%、炼油与化工占 73.5%的中国石化。

(3) 中科英华。

3.2.1.3 黑色金属矿采选上市企业

国内唯一的铁矿石资源上市企业是金岭矿业。该企业拥有年产 140 万吨铁精粉的峨口铁矿、年产 190 万吨铁精矿粉的尖山矿。金岭矿业的铁矿石自给率约为 85%。西宁特钢是国内唯一同时拥有充足铁矿 9 910 万吨、焦炭等的黑色矿冶一体化企业。

攀钢钢钒 96.73%控股的白马铁矿已探明储量约 11.15 亿吨，其铁精矿的品质优良、品位高，具有含铁、钒高，含钛低，粒度细等优点。白马铁矿一、二期全部建成投产后，年产原矿 1 500 万吨，精矿 510 万吨，这使集团公司的矿石自给率从 50%提高到 70%。再加上母公司拥有的两座矿，攀钢合计可开采储量在 30 亿吨左右，属于优质铁矿。广东明珠持有华南第一大铁矿 12%的股份，该矿是国内罕见的量大质好、易采易选的露天富铁矿区，目前探明储量约 6 000 万吨，是华南大型优质铁矿供应基地。西藏矿业主要从事铬铁矿的开采和生产加工，以铬、铜、锂的开采、加工、销售为主，资源优势明显，处于垄断经营的地位。

3.2.1.4 有色金属矿采选上市企业

(1) 金矿资源企业。

紫金矿业是黄金类上市企业的翘楚。从 2018 年矿金毛利率来分析,矿金毛利率达 65.5% 的是紫金矿业,山东黄金达 53.8%,中金黄金达 48.03%,这表明紫金矿业的成本优势明显。从资源储量来看,紫金矿业保有的黄金储量为 701.5 吨,中金黄金保有的黄金储量为 326.98 吨,山东黄金为 170 吨,紫金矿业在黄金资源储量方面优势较大。从黄金年产量来看,紫金矿业矿产金年产量为 28.48 吨,中金黄金矿产金年产量为 20 吨左右,山东黄金矿产金年产量为 20 吨左右,恒邦股份矿产金年产量为 10 吨左右。这几家企业近几年的资源年增长率达到 38%,一是得益于集团的矿产金逐年增加,典型的代表是山东黄金和中金黄金;二是得益于海外的资产并购,以紫金矿业为代表。

(2) 铜矿资源企业。

按照精铜矿的自给率高低排序,排名前三的铜冶炼企业是江西铜业、云南铜业、铜陵有色。江西铜业的年精铜矿自给率高于铜陵有色约 20 个百分点,其净利率水平也高于铜陵有色 6.7 个百分点,而云南铜业的资源自给率为 19.11%。通过铜行业产业链毛利率和净利率水平可以看出,精铜矿自给率会对企业的盈利水平产生重要影响。

(3) 铝矿资源企业。

中国铝业目前控制的铝土矿资源达 6.3 亿吨,股本为 128.9 亿元[①],每千股有铝土矿 48.87 吨。云铝股份的铝土矿探明储量为 3 385 万吨,股本为 8.74 亿元,目前拥有 21 个探矿权,储量应该在 1 亿吨以上,每千股有矿 38.7 吨。中色股份的股本为 5.8 亿元,有色金属开发以铝、锌为主。其他加工型铝业上市企业,如焦作万方位于行业中上游,所需煤炭主要在现货市场采购,35% 的铝土矿源于自有矿山,30% 铝土矿源于联营矿山,

———————————
① 股票每股面值为 1 元。

其余部分源于外购；中孚实业位于行业中上游，有"铝电合一"的综合成本竞争优势，每吨铝耗电成本比一般电解铝厂低 1 800 元左右，在行业中具有很大的竞争优势；新疆众和是我国最大的高纯铝和电子铝箔生产企业，实现了由冶炼行业向电子新材料行业的转型，拥有煤矿、电力、电解铝、高纯铝、电子铝箔和电极箔的一体化产业链；常铝股份是我国最大的空调用铝箔生产企业；东阳光铝的亲水铝箔生产规模、市场占有率位列全国第一；南山铝业是中国第二家全流程铝行业，已形成完整的铝生产线；栋梁新材是铝型材加工企业，处于铝加工行业产业链的后端；宁波富邦是铝材加工企业，位于经济发达地区，需求旺盛。

（4）锌矿资源企业。

锌的需求与钢材生产的相关性很高。宏达股份的股本为 4.16 亿元，拥有兰坪铅锌矿，其中锌金属储量为 1 100 万吨左右，铅锌金总储量有 1 553 万吨，精锌矿自给率达到了 60%以上，每千股有矿 37.3 吨；中金岭南拥有凡口铅锌矿，股本为 7.31 亿元，锌金属储量为 540 万吨以上，矿山年综合生产能力约 15 万吨金属量，精锌矿自给率达到了 60%以上，每千股有矿 7.378 吨，是国内目前精矿自给率最高的铅锌生产企业之一；驰宏锌锗随着产能扩张，资源自给率从 54%下降至 23%；中色股份的有色金属开发以铝、锌为主；西部矿业为全国第二大铅精矿生产商、第四大锌精矿生产商及第七大铜精矿生产商，主营业务包括铜、铝、锌、铅，多元化和规模化决定了西部矿业在有色金属上游行业的重要地位。

（5）铅矿资源企业。

铅冶炼属于"三高行业"，即"高污染、高能耗、高耗水"。汽油及电池业是铅冶炼产业的下游，铅和锌是伴生矿产，因此主营业务为锌的企业也大量生产铅。豫光金铅公司是中国规模最大的铅冶炼企业、白银生产基地；中金岭南坚持精矿、冶炼的均衡增长，公司具备自有矿山资源优势和进口矿供应长单，拥有居国内领先水平的采选工艺、ISP 冶炼工艺等技术和管理优势；驰宏锌锗年采选矿石60万吨、锌产品16万吨、铅产品5万吨、银120吨、硫酸26万吨、锗产品10吨，锗产品产量、质量和出口量居全国首位；全国第二大铅精矿生产商是西部矿业，其也是第四大锌精矿生产商及第七大铜精矿生产商。

(6) 锂矿资源企业。

"863"计划的重大项目之一是锂电池的开发。锂广泛用于电池工业、陶瓷业、玻璃业、铝工业、润滑剂、制冷剂、核工业及光电行业等新兴应用领域。碳酸锂是生产二次锂盐和金属锂的基础材料，因此碳酸锂是锂业中最为关键的产品，其他工业锂产品基本都是碳酸锂的下游产品。西藏矿业拥有扎布耶盐湖51%的股份且期限为20年，此湖的锂储量位居世界第三，约200万吨；中信国安拥有钾肥资源、锂盐资源，青海东台吉乃尔盐湖已经形成硫酸钾镁肥30万吨/年、氯化钾10万吨/年、碳酸锂2万吨/年的生产能力。

(7) 四大战略金属矿产资源企业。

中国的四大战略资源是锡、钨、锑和稀土。锡业股份2021年的锡矿自给率水平不足30%，精锡产能6万吨左右，仍有70%的锡矿需要外购。厦门钨业是全球唯一一家具有完整产业链的钨业公司，其钨资源自给率有望从20%快速提升至50%以上，公司目前贮氢合金粉的产能为3 000吨/年。厦门钨业还拥有1 000吨/年的钴酸锂产能，拥有2 000吨/年的稀土冶炼分离产能以及13万吨稀土储量。辰州矿业是湖南省最大的产金公司、全球第二的锑生产商，公司资源优势和技术优势明显。包钢稀土的稀土储量为5 738万吨，占世界储量的62%，占国内储量的87%，稀土类产品年产能为53 997吨。广晟有色集团主要从事有色金属的采选、冶炼、金属加工制造、销售和进出口、大型仓储物流业务，主营业务包括：稀土业、钨业、铜业和银锡业。其中，稀土冶炼分离能力达8 000吨，居全国同行业第一，拥有装备一流的国家级期货交易所大型有色金属交割仓一座，拥有金粤幕墙装饰工程公司等一批具备较高市场知名度的优势企业。广晟有色集团保有矿产储量丰富，拥有广东最大的铜矿和银矿，铜矿潜在价值约 180 亿元，银矿潜在价值约 160 亿元。

（8）其他金属矿产资源企业。

东方钽业是我国最大的钽铌专业研发生产厂家，也是大型稀有金属生产企业。为储备战略原料，东方钽业与澳大利亚签订长期原料采购合同，投资参股或控股国内和非洲矿山。元江镍业拥有探明金属镍的储量 53 万吨，贵研铂业拥有元江镍业 98%的股权。宝钛股份增资控股锦州华神钛业有限公司，使资源自给率超过 50%，成为全球前三强的世界级一体化钛业公司，通过几大国际大公司质量体系和产品认证，国外航空钛材的供应量占国内采购的 100%，处于绝对垄断地位，军工订单收入已超过总收入的 40%，公司军工钛材的供应量占军工总需求的 95%以上。金钼股份是亚洲最大的钼业、全球最大的原生钼业公司，拥有采矿、选矿、冶炼、深加工一体化的产业链。金钼股份拥有两座大型原生钼矿、储量 78 万吨的金堆城钼矿和储量 70 万吨的东沟钼矿，合计钼资源储量 148 万吨，资源自给率高达 90%以上。金钼股份矿产储量丰富、品质优良，已形成完善的全球一体化营销网络系统、国家级企业技术中心和博士后科研工作站。吉恩镍业是国内最大的镍盐供应商，公司资源自给率达到 60%，公司核心技术在国内同行业中处于领先地位，部分新产品的技术达到国际先进水平，高冰镍、硫酸镍的市场占有率分别达到 70%和 36%，具有一定的自主定价权。其他上市企业，如北矿磁材专注于磁性材料和磁器件的研发、生产和销售，目前的原材料采购支出占总成本的 60%以上。贵州红星发展拥有国内最好的可持续开采的重晶石矿（钡盐）和天青石矿（锶盐），钡盐、锶盐生产能力在全国排名第一，碳酸钡和碳酸锶的市场占有率分别达到 40%和 30%，控股子公司大龙锰业拥有储量近 400 万吨的锰矿资源，公司产品顺利进入南孚、双鹿、松下等知名电池企业，在高档无汞碱性电池原料市场的占有率已居全国第二。贵州红星发展组建的贵州容光矿业拥有近亿吨储量的煤炭开采权。冠农股份以 8 700 万元的价格收购钾盐科技 51.25% 的股权,成为新疆罗布泊钾盐有限责任公司的控股股东。罗布泊钾盐有限责任公司拥有罗布泊盐湖 1 661.53 平方千米的探矿权和 288.79 平方千米的采矿权,资源探明量为 25 亿吨,占中国钾盐探明储量的一半。云海金属从事合金生产,镁合金占国内市场份额的 70%。太原刚玉磁性材料的产量居国内前三位,年生产规模为 4 500 吨。

(9) 磷矿资源企业。

从 2006 年起,我国磷酸一铵、磷酸二铵产能均超过 1 100 万吨,自此我国成为磷肥净出口国。2008 年,国内市场磷酸一铵过剩近 300 万吨,磷酸二铵过剩近 400 万吨。磷矿资源稀缺程度较高,因此掌控磷矿资源是磷化工企业实现可持续发展的基础。磷矿主要用于生产磷肥、磷酸及磷化工产品,是一种重要的、具有战略意义的非金属资源。中国最大的精细磷化工产品生产和出口企业是澄星股份。虽然云南宣威、弥勒两地拥有磷矿可采储量 1.3 亿吨,但澄星股份并未尽全力开采,合计自给率仅 30%,这并未影响公司生产稳定性和相关产品毛利率。兴发集团作为国内最大的磷化工企业之一,目前拥有 1.3 亿吨磷矿石储量,磷矿石年产能为 150 万吨,公司磷矿自给率不足 50%,充足的磷矿资源和磷电矿一体化是公司长期发展的最大竞争优势。

(10) 其他非金属矿产资源企业。

巢东股份的凹凸棒石(坡缕石)是一种应用前景非常广阔的优秀太阳能储热物质,公司拥有矿石储量 1 280 万吨,占全球总量的 32%,垄断优势突出。三峡新材拥有大型硅砂基地和得天独厚的硅砂资源。硅砂是优质浮法玻璃生产的理想硅质原料。

3.2.2 资源型上市企业的特征

资源型上市企业所处行业特征如下:

(1) 产品创造增加值太少。资源型企业生产初级产品的竞争优势是对自然资源的垄断，而不是靠技术对产品本身的创新。由于技术投入较少，资源型上市企业在生产产品的过程中，以对自然资源的开采和初加工形成最终产品。

（2）外部的负面效应较大。由于极其耗费资源、严重污染环境，资源型上市企业在生产经营过程当中表现出较为明显的负外部性。

（3）消耗较多的劳动。劳动密集是资源型企业的属性，大量的劳动消耗是资源型上市企业在生产过程中必不可少的条件之一。

（4）股权治理"一头沉"。国有资本控股是我国资源型企业的特色，"一头沉"的股权结构特征表现显著，国有股权占据绝对优势地位。

（5）创新能力不足。我国资源型企业的物质资源消耗构成资源产品价值的主要部分，而技术投入不足，如智力资源、组织资源投入相对较少。占绝对优势的厂房、机器设备等物质资源的投入是维持企业生产的基本条件。

总之，资源型企业在我国国民经济中占有重要地位，在产业链中对其上下游企业，尤其是下游企业至关重要。因此，资源型企业必须做好财务风险和财务危机治理，以促进资源型企业高质量、可持续发展。

4 资源型企业财务危机分析

4.1 资源型企业财务危机表现及危害

4.1.1 财务危机特质

财务危机具有如下特点:

(1) 潜藏性和相关性。潜在风险因素多而杂地隐藏于企业而且不易被察觉。

(2) 非常规性和损失性。企业财务危机的爆发往往是长期积累的结果。例如,1997年亚洲金融危机和美国2008年的金融危机导致许多企业破产,然后以摧枯拉朽之势席卷全球。

(3) 复合性和多重性。企业财务危机的表现形式多样。在企业经营环境变化的情况下,多种危机和风险事件相互交织,十分复杂。

(4) 可预判性。虽然财务危机是突然爆发的,但它的形成却是日积月累的。

4.1.2 财务危机的表现形式

(1) 资产流动性差导致现金流量不足。

资金是企业的"氧气",自有资金是企业防范风险的根本保证,企业能否维持运营取决于是否有足够的现金流、能否保证资金流不断裂。一般情况下,企业在正常经营过程中可以通过融资解决资金紧张的问题。

(2) 大幅增加的应收账款占总资产比重较大。

一方面,企业资金周转率的降低会导致应收账款和企业财务成本增加;另一方面,企业资金周转率的降低会加大企业坏账风险。在发生财务危机时,企业往往会出现大量无法收回的应收账款,最后出现资金流断裂的情况。

(3) 不断提高的资产负债率持续超出正常水平和行业平均值。

企业的资产负债率高,说明企业高度依赖于负债,且投入的资金较少来自企业所有者。当资金周转出现问题时,企业便不得不大幅举债;当资产负债率过高时,企业的债务规模会进一步扩大,甚至会导致企业破产。

(4) 企业资产运营效率低。

企业资产利用的有效性和充分性体现在资产运营效率上,资产运营效率高的企业的发展状况良好。在发生财务危机时,企业的资产运营效率较低。国内许多企业想通过扩张的方法改善企业发展状况,但往往事与愿违,如乐视在出现财务危机时仍然大幅扩张,但大幅扩张进一步提高了其财务风险水平。

4.1.3 财务危机产生的原因

财务危机不是突发的也不是独立的,危机的形成往往是日积月累的。财务危机产生的原因可以分为外部因素和内部因素。宏观环境、竞争趋势、技术水平等产业特性均为外部因素,企业管理模式、发展模式、企业组织架构等因素可称为内部因素。

（1）引发财务危机的外部因素。

对企业发展有重要影响的外部环境，不仅给企业发展创造了发展环境和机遇，而且给企业发展提供了潜在商机、可能合作伙伴、投融资渠道。同时，外部宏观环境和行业环境又对企业发展提出了挑战。经济、政治、社会环境等因素共同构成企业外部环境，企业很难准确预见外部环境的变化，只能适应外部环境的变化。宏观环境良好时，企业将迎来发展机遇；宏观环境发生不利转变时，企业将受到外部环境冲击。当宏观经济环境变差、融资成本变高、市场不景气时，企业经营情况就会变差。新兴行业发展尚不成熟的时候，国家政策的扶持对行业发展极为关键。在行业发展初期，国家减小扶持力度会导致进入行业的企业收益降低且使企业发展遭遇挫折。社会环境的变化，也会对企业产生影响。塑料最初被推出时受到市场欢迎，但随着社会发展和人们环保意识的增强，塑料制品"遇冷"，塑料生产企业业绩大不如前。不同行业有各自不同的特点。进入门槛高的行业，技术资金投入大，企业能站住脚跟并占有一定市场份额。进入门槛低的行业竞争激烈，如餐饮行业、服装行业，大量参与者涌入但最后留存下来的极少。行业发展阶段不同，对企业的影响也不同。当行业发展处于衰落期，大量企业效益变差，企业发生财务危机的可能性也会提高。

（2）引发财务危机的内部因素。

公司治理、经营管理、财务管理是引发企业财务危机的内部因素。引发财务危机的内部因素主要包括企业治理不当、企业经营管理决策失误、财务管理不当、风险控制欠佳。从公司治理层面来讲，理顺所有者与经营者关系是公司治理的根本任务，否则就会出现公司资源被其中一方侵占的现象。股权过度集中或过度分散可能导致股东之间制衡失效、对内部人的监督失效、董事会或监事会不能独立运作、股东或经营者侵占企业利润，这些都可能导致企业陷入财务危机。企业发展战略能决定企业未来发展方向，会影响企业人力、物力、资金的分配。如果企业战略失误，偏离正常发展轨道，则必然会引发财务危机。企业管理不当、内部组织结构混乱、制度不健全，也可能会引发财务危机。从财务管理层面来讲，企业资本结构不合理、资产运营效率过低、财务风险意识差、负债水平过高、盈利能力差、成本费用高都会导致企业出现较大财务风险。

4.1.4 财务危机的危害与处置方法

4.1.4.1 财务危机的危害

财务活动贯穿于企业采购、生产、销售等方面。流动资金被占用会导致企业无法正常地开展经营活动，使得企业后续"供血不足"甚至破产。财务危机的危害具体表现为：①影响企业的正常经营运转。企业资金周转不畅，将使现金流情况进一步恶化，企业也无法顺利开展其他生产经营活动。同时，如果财务危机处理成为企业的首要任务，那么财务危机处理必然会影响经营管理的连续性。②影响企业的可持续发展能力和竞争力。被财务危机缠身的企业往往没有足够的资金投入生产经营，不具备可持续发展能力，没有充足的资金扩大生产规模，错失发展机遇，降低市场份额。③打击职工积极性。财务危机会导致企业效益不佳，从而使员工福利水平和员工生产积极性降低。

4.1.4.2 财务危机的处置方法

企业生存环境由内部环境和外部环境共同构成。就可控性而言，内部环境较好控制，外部环境几乎很难控制，企业只能去适应外部环境的变化。财务危机通常是内部环境和外部环境共同作用的结果，企业应综合内部环境和外部环境分析财务危机产生的原因。企业应提前预测外部环境变化，利用自身的条件和力量去规避外部环境带来的不利影响。企业也应该优化内部环境，提高企业治理水平、财务管理水平，加强内部控制，强化风险意识，提高决策的正确性。

具体来讲，企业应预测外部环境变化可能对企业产生的影响并提前做出适当安排。当经济不景气时，企业应注意控制借贷规模，谨慎投资，避免成本费用过快增长，规避汇率变化带来的不利影响。当政府扶持力度减小时，企业应提高产品技术含量，降低成本，进一步扩大市场份额。当社会环境发生变化且人们消费观念发生转变时，企业应适应环境的变化，生产绿色产品，顺应时代发展潮流。当行业竞争加剧时，企业应进一步提升品牌实力，提高消费者对产品的认可度。

总而言之，企业可以预测外部环境的变化并做出适当安排规避风险。当外部环境对企业造成不利影响且引发财务危机时，企业应根据这些变化做出及时的安排。

从内部环境来讲，企业应从企业治理、企业经营和财务管理三个方面着手，改善内部环境，重新整合资源，把企业引导到正常发展轨道上来。首先，在企业治理方面，企业应注意平衡所有者和经营者的利益关系，保证董事会和监事会的独立性和客观性，制定正确的发展战略，避免企业偏离正常发展轨道。其次，在企业经营层面，企业应构建合理的内部组织结构，加强内部控制。最后，在财务管理层面，企业应加强风险管控，把资产负债率控制在可以承受的范围内。企业应重视现金流管理，及时收回应收账款，保证资产的流动性，避免出现现金流断裂的情况。

4.2 资源型企业财务危机定性分析

4.2.1 传统的财务危机分析

4.2.1.1 偿债风险分析

虽然股东投资的资金是不需要偿还的，但是企业向债权人借贷的资金是必须偿还的，企业应该向债权人履行还款责任，按照借款时约定的还款方式以及计息方式进行还款。股东和债权人有很大区别，如果企业经营状况不理想，股东就享受不到任何形式的股利或者分红。但债权人不管企业的经营状况，只看借款协议的约定，就算企业处于巨额亏损的状态，也必须按照协议约定向债权人偿还本息。如果企业因为经营状况不理想而无法偿还借款，就会产生偿债风险。企业可以通过计算流动比率和资产负债率来定量分析偿债风险。

4.2.1.2 投资风险分析

企业进行投资的目的是获得更加理想的经济收益。投资时，企业需要综合考虑投资项目的情况，并科学预计项目可能产生的收益。如果投资收益不能覆盖投资成本，企业将会面临巨大的投资风险。

4.2.1.3 运营风险分析

企业的运营风险主要是由存货以及应收账款引发的，因为存货会占用企业的资金，从而影响企业的正常运营。应收账款同样会占用企业的资金，影响企业的正常运营。

4.2.1.4 现金流风险分析

对于企业来说，现金流直接反映其经营能力以及内在价值，是衡量企业是否具有良好生存及发展能力的重要指标。换句话说，充足的现金流是企业按照计划开展各项活动的重要保障。所以，在分析财务风险时，企业绝对不可以忽视现金流风险。

4.2.2 项目质量分析

对财务报表各项目（如资产、资本、利润和现金流量等）的规模、结构以及状态进行分析的方法就是项目质量分析法。项目质量分析可以综合分析企业的经营活动和理财活动，并结合企业具体经营环境和经营战略，根据各项目的管理要求，对项目的质量（如现金流量质量、资产质量、利润质量）进行评价和判断，进而从整体上判断企业的财务状况。

4.3 资源型企业财务危机定量分析

本书利用项目质量分析法，选取三家上市资源型企业进行财务危机定量分析。

4.3.1 W 稀土股份有限公司资本结构质量分析

4.3.1.1 样本选取依据

稀土是一种重要资源，我国稀土行业所面临的问题主要包括以下五个：①从长期来看，稀土资源保障不足，容易出现资源上的短缺；②对环境破坏较大，环境保护制度不够完善；③各产业链不够完善且比较分散；④国际定价权缺失，价格混乱；⑤下游产业的创新能力不足。

W 稀土股份有限公司的业务主要包括稀土氧化物、稀土金属、稀土深加工产品经营，以及稀土技术研发、咨询服务等业务。公司主营产品包括高纯的单一稀土氧化物及稀土共沉物产品，高纯氧化镧、高纯氧化钇等部分稀土氧化物纯度可达 99.999 9%。W 稀土股份有限公司完整的质量管理体系可以确保产品质量，其分离工艺、环保技术、产品质量控制水平等处于国际领先水平，均已通过了 ISO9000、ISO14000、OHSAS18000 三体系认证。W 稀土股份有限公司将积极构建以稀土分离及技术研发为核心的经营体系，成为国内外客户的长期合作伙伴，充分发挥自身优势，与客户在互利互惠基础上实现双赢，实现与合作伙伴共同发展、共同繁荣的目标。

本书选取 W 稀土股份有限公司作为研究对象，通过对其资本结构现状进行质量分析，从而提出资本结构优化对策。这对于 W 稀土股份有限公司提高运营效率、降低财务风险、提高公司治理能力有着一定的借鉴意义。

4.3.1.2 定量分析指标设计依据

从广义上讲，资本结构是指企业所有资本的构成及比例关系，企业的资本可以分为债务资本和股权资本。从狭义上讲，资本结构是指企业各种长期资本的构成和比例关系，尤其指长期债务资本和长期股权资本的构成和比例关系。

在理论拓展方面，张新民等从资本结构质量、资产质量、利润质量和现金流质量四个维度，分析了上市企业的资本引入战略、上市企业的管理质量和治理效率。叶晓甦、张德琴等以PPP项目为研究对象，借助可销售性指数对合作主体投资倾向进行评价，其研究结果显示，资本结构是PPP项目成功和持续实施的关键影响因素。Ball等认为，企业的资本结构越合理，财务状况越好，利润水平越高。

在案例分析方面，石文以格力电器为研究对象，发现企业资本结构分析不能仅依赖于数量分析，还应该关注与数值相关的项目质量。从质量视角进行深入挖掘，有助于提高分析的准确性。林杰辉认为企业在制定融资方案时，需要借鉴资本结构理论及学术研究成果，并结合企业自身实际情况，分行业确定目标资本结构，明确权益资金及不同类别债务资金的比例，据此确定融资的途径。张力云发现，高杠杆率的企业尤其是国有企业的融资决策存在更多非市场化的因素，因此企业要对过度融资行为进行有效控制，完善资本结构。Ghosh和Moon指出，企业资本结构中的债务融资比例会影响企业的融资成本，进而影响企业的盈利水平，特别是不同比例的企业资本会影响管理层的盈余操控。

在实证研究方面，宋哲和于克信以SXZ企业为研究对象，发现SXZ企业的资产负债率对企业绩效有显著的负向影响，股权集中度对企业绩效有显著的正向影响。郑曼妮、黎文靖、盛明泉、张博、袁克丽、宫汝凯、张志强等分别从不同角度检验负债企业的资本结构动态调整能力。他们的研究发现，产权性质会对企业资本结构调整产生显著影响，多个大股东并存显著加速了资本结构的动态调整速度，宏观政策不确定性对资本结构调整速度具有显著的正向影响，而地区政策不确定性的影响则相反，且两者均在不同负债水平上呈现出明显的不对称性。张蕾对国有上市企业资本结构的代理成本进行分析后发现,降低代理成本、提升治理效率,对提升企业价值具有重要意义。李媛媛、俞富坤、吴树畅认为上市制造业企业资本结构对企业风险承担水平有显著的正向作用,不同资本结构的企业的盈亏风险影响因素不同,同一影响因素的影响系数也不同,不同类型财务杠杆与经营风险的关系不完全一致,总财务杠杆、经营性财务杠杆与经营风险呈负相关关系,而长期金融性财务杠杆与经营风险呈正相关关系,短期金融性财务杠杆与经营风险呈正相关关系但不显著。资春芬发现,物流业上市企业资本结构对经营绩效呈现出先增后减的非线性变化,而经营绩效与企业的资本结构存在正相关关系。宫胜利认为,钢铁行业产权结构、股权结构和债务结构都会显著影响企业财务治理效率,产权比例、股权集中度、股权制衡度以及商业信用债务比例的提高能提升企业财务治理效率,而管理层持股比例仅能降低企业财务治理成本,对企业财务治理效率的影响不显著。

可见,理论界和实务界都十分重视企业资本结构分析,但传统的比率(如产权比率等)分析没有对资本结构这个项目进行深入分析,如没有对资本成本与投资收益的匹配性、资本的期限结构与资产结构的协调性等进行分析,就难以揭示其变化的实质,难以提出有效的经营和治理措施。张新民、钱爱民认为,资本结构质量分析可从资本成本与投资收益匹配性、资本期限结构与资产结构的协调性、资本结构面对企业未来资金需求的弹性、资本结构所决定的控制权结构、资本结构所决定的利益相关者之间的和谐性等角度进行分析。

(1)资本成本与投资收益匹配性。

分析资本结构质量时,我们不仅需要分析企业债务资本和股权资本的比例关系,还应该遵循成本效益原则,深入分析企业筹集资金的能力。在筹集资金时,企业所需要付出的代价,就是企业获取资金的综合资本成本。企业最后收到的回报率，就是企业的总资产报酬率。资产报酬率大于企业综合资本成本是一个企业生存和发展的前提。要想降低企业资本成本、提高投资收益，就需要提高企业的总资产报酬率，降低综合资本成本。如果企业一直处于总资产报酬率小于综合资本成本的状态，那么企业的资本结构质量只会越来越差。

（2）资本期限结构与资产结构的协调性。

企业的资本包括股权资本和债务资本。股权资本是企业的永久性资本，不具有流动性，所以不用分析其期限结构。企业的债务资本按照期限可以分为长期负债和短期负债，分析企业的资本期限结构的重点其实就是分析企业的内部负债结构。从时间上来说，企业所获取的资金可以划分为长期资金与短期资金，分析企业资本期限结构与资产结构协调性也就是分析长期资产与长期负债的协调性、短期资产与短期负债的协调性。如果资金来源与资金用途不协调，企业就有可能会出现"长融短投"和"短融长投"的情况。只有当企业的资本期限结构与资产结构十分协调时，企业才会拥有较好的资本结构质量。

（3）资本结构面对企业未来资金需求的弹性。

企业的资金需求弹性一般可以通过企业的财务杠杆比率以及企业所面临的财务风险来体现。企业拥有较高的财务杠杆比率意味着企业利用了财务杠杆系数来实现其价值，但是过高的财务杠杆比率也意味着企业的财务风险过高。财务杠杆比率越低，财务风险越小，会让企业拥有较合理的资金需求弹性和较好的资本结构质量。但是，财务杠杆比率过低时，企业可能不会很好地利用现有资金。所以，对于一个企业来说，财务杠杆比率保持在一个合适的水平是十分重要的。

（4）资本结构所决定的控制权结构。

企业可以根据股东的持股情况分析资本结构质量。企业的融资方式决定了企业的资本结构，也决定了企业的产权归属。企业通常可以通过两种方式解决资金短缺问题：债务融资和权益融资。过度债务融资很容易让企业出现财务风险过高的情况；过度权益融资容易让企业出现股权落入他人的情况。资本结构也会影响企业股权结构，股权结构过于集中会让企业陷入"一家独大"的情况；股权过于分散，又会让企业陷入"群龙无首"的情况。所以，较为合理的股权结构应该处于两者之间，有相对的控制权大股东，但是大股东的股份不能占绝对优势。

（5）资本结构所决定的利益相关者之间的和谐性。

企业的各资源提供者为了更好地实现企业价值而互相合作。然而，不同的利益相关者为了获取更多的利益，会在界定产权的过程中更多地考虑自身的利益。在不同利益相关者之间的产权和控制权的争夺过程中，企业的资本结构会发生变化。所以不同的利益相关者之间的协调性决定着企业能否实现可持续发展。企业各利益相关者的关系是否和谐与企业能否给利益相关者创造满意的价值、能否达到利益相关者的财富预期有着密切的关系。通常，利益相关者之间不和谐的企业会出现以下情况：主要股东变动频率非常高；股东与股东、股东与管理层之间冲突不断等。

4.3.1.3 定量分析指标

（1）匹配性相关指标。

在资本结构质量的分析中，与投资效益相关的指标可采用企业的总资产报酬率进行分析。资产报酬率又称为总资产报酬率，是指企业一定时期内息税前利润与资产平均总额的比率。资产报酬率可以用来评价企业运用全部资产的总体获利能力，是评价企业资产运营效益的重要指标。

总资产报酬率的计算方法如下：

资产报酬率=（净利润+利息费用+所得税费用）÷平均资产总额×100%

资本成本是指企业获得资本所付出的代价，主要包括筹资过程中的筹资费用和使用过程中的使用费用。综合资本成本（加权平均资本成本），是以各种不同筹资方式的资本成本为基数，以各种不同筹资方式的资本总额的比重为权数计算得到的加权平均数。现实中，企业很难有一个客观、准确、合理的标准预测出未来债券、股票的目标价值，这种计算方法在现实生活中较难实现。

综合资本成本的计算方法如下：

$$WACC = (E/V) \times Re + (D/V) \times Rd \times (1-Tc)$$

其中，E/V=股本占融资总额的百分比，即资本化比率；Re=股本成本率；D=债务的市场价值；$V=E+D$，表示公司的市场价值；Rd=债务成本率；D/V=资产负债率；Tc=企业所得税税率。

（2）协调性相关指标。

对于资本的期限结构与资产结构的协调性指标，企业可以根据短期资产与长期资产的比值、短期负债与长期负债的比值来分析资本期限结构与资产结构是否协调，即配比关系是否合理。

（3）资金需求弹性的相关指标。

企业主要通过财务杠杆比率来体现资本结构对未来资金的需求弹性。企业的财务杠杆，一般可以通过以下三种关系得以体现：负债与所有者权益的对比关系（产权比率）、负债与资产的对比关系（资产负债率）、长期负债与长期资本的对比关系。产权比率，可以反映由债权人提供的负债资金与所有者提供的权益资金的相对关系，以及企业基本财务结构是否稳定。产权比率的计算公式如下：

$$产权比率 = 负债总额 \div 股东权益$$

资产负债率，用以衡量企业利用债权人提供的资金进行经营活动的能力，其计算公式如下：

$$资产负债率 = 负债总额 \div 资产总额$$

（4）控制权结构的相关指标。

企业主要通过股权结构来反映控制权结构，股权结构是企业治理的基础。股权结构有三种类型：分散型（企业没有大股东，所有权与经营权分离），控制型（拥有绝对控股股东），博弈型（有较大的相对控股股东，也有其他大股东）。

（5）和谐性与公平性相关指标。

企业主要通过每股收益来体现利益相关者之间的和谐性与公平性。每股收益即 EPS，又称每股盈利、每股税后利润、每股盈余，指税后利润与股本总数的比率。EPS 是测定股票投资价值的重要指标之一，是分析每股股票价值的基础性指标，是综合反映企业获利能力的重要指标，是企业某一时期净利润与股份数的比率。EPS 反映了每股股票创造的税后利润，该比率越高，表明企业所创造的利润就越多。

4.3.1.4 实例分析

（1）资本成本与投资效益匹配性分析。

根据 W 稀土股份有限公司 2016—2020 年财务报表数据，本书计算出 W 稀土股份有限公司的总资产报酬率和综合资本成本率（见表 4-1）。

表 4-1　W 稀土股份有限公司 2016—2020 年总资产报酬率和综合资本成本率

年份	2016 年	2017 年	2018 年	2019 年	2020 年
总资产报酬率/%	2.66	1.82	5.79	4.78	10.73
综合资本成本率/%	4.25	3.75	4.75	4.05	5.25

数据来源：根据 W 稀土股份有限公司 2016—2020 年财务报表数据整理。

从表 4-1 可以看出，W 稀土股份有限公司 2016—2017 年的总资产报酬率低于综合资本成本率，总资产报酬率在 2017—2018 年、2019—2020 年是上升的，而在 2016—2017 年、2018—2019 年是下降的；综合资本成本率呈现出同趋势变化。根据表 4-1，我们可计算得到 W 稀土股份有限公司 2016—2020 年总资产报酬率与综合资本成本率的比值趋势图，详见图 4-1。

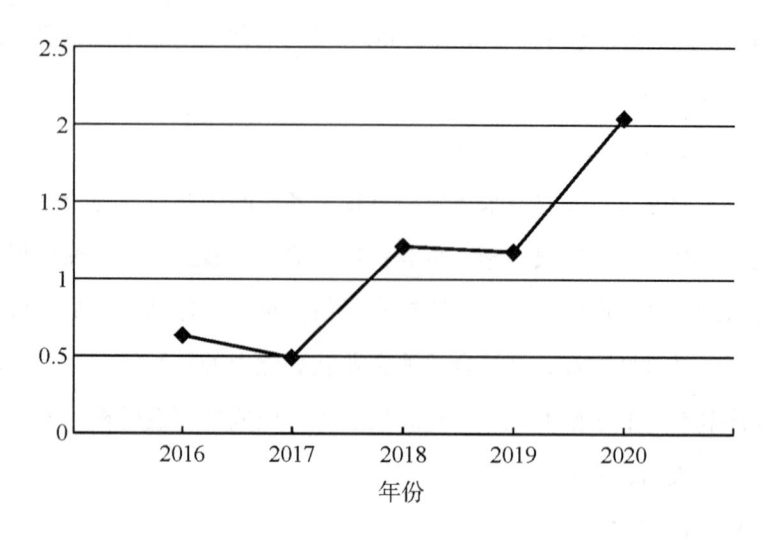

图 4-1　W 稀土股份有限公司 2016—2020 年总资产报酬率与综合资本成本率的比值

从图 4-1 中我们可以看出，2018—2020 年 W 稀土股份有限公司总资产报酬率与综合资本成本率的比值大于 1，2017—2018 年、2019—2020 年这一比值均呈增长趋势，虽然 2016—2017 年这一比值略有下降且小于 1，但 2016—2020 年这一比值的均值大于 1 且明显上升。总体来看，W 稀土股份有限公司获利能力不断提升，W 稀土股份有限公司的资本结构良好。

（2）资本的期限结构与资产结构的协调性分析。

W 稀土股份有限公司 2016—2020 年短期资本（流动负债）与长期资本（非流动负债和股权）、短期资产（流动资产）与长期资产（非流动资产）的数据见表 4-2。

表 4-2　W 稀土股份有限公司短期资本与长期资本、短期资产与长期资产

年份	2016 年	2017 年	2018 年	2019 年	2020 年
短期资产/万元	164 520	166 869	189 849	225 988	266 222
短期资本/万元	10 998	7 281	17 981	40 155	57 275
长期资产/万元	53 362	50 685	48 366	50 580	46 905
长期资本/万元	206 883	210 273	220 233	236 413	255 851

数据来源：根据 W 稀土股份有限公司 2016—2020 年财务报表数据整理。

从表4-2可以看出，W稀土股份有限公司的流动资产逐年增加且呈上升趋势。

从图4-2中可得出，在分析期内短期资本与短期资产的比值远远小于1，长期资本与长期资产的比值均远远大于1。按照适中组合配比战略，长期资本对应长期资产，短期资本对应短期资产，这样既不冒险也不保守。W稀土股份有限公司在分析期内，资本组合与资产组合配比一直用很大一部分的长期资本代替短期资本，采取保守资本组合策略，这会影响其当期和未来的获利能力。

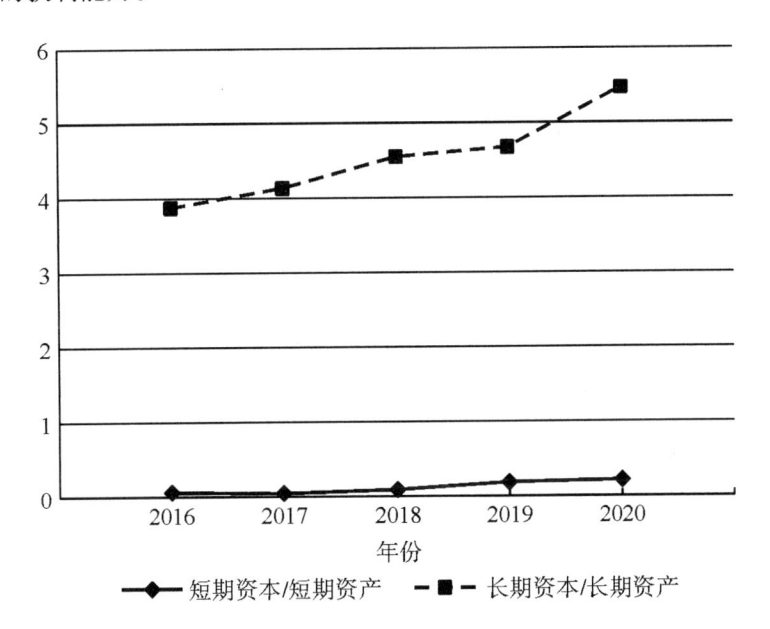

图4-2 2016—2020年W稀土股份有限公司资本期限结构与资产结构配比变化

（3）资本结构对企业未来资金需求的财务弹性分析。

W稀土股份有限公司2016—2020年息税前利润和利息的数据见表4-3。

表 4-3　W 稀土股份有限公司 2016—2020 年息税前利润和利息

年份	2016 年	2017 年	2018 年	2019 年	2020 年
息税前利润/万元	6 601	3 959	13 173	10 730	31 657
利息/万元	0	0	48.46	503.32	710.45

数据来源：根据 W 稀土股份有限公司 2016—2020 年财务报表数据整理。

从表 4-3 中可以看出，2016—2020 年 W 稀土股份有限公司的息税前利润一直呈上升趋势，2016—2017 年企业负担的利息是 0，2018—2020 年，企业负担的利息呈逐年上升势头。

从图 4-3 可以看出，W 稀土股份有限公司 2016—2019 年财务杠杆系数逐渐上升，说明 W 稀土股份有限公司的有息负债资金在增加；2019—2020 年财务杠杆系数有较大幅度的下降，说明 W 稀土股份有限公司的有息负债资金在减少。总体来看，W 稀土股份有限公司的财务杠杆系数较低，且对未来资金需求的财务弹性较高、财务风险较低。

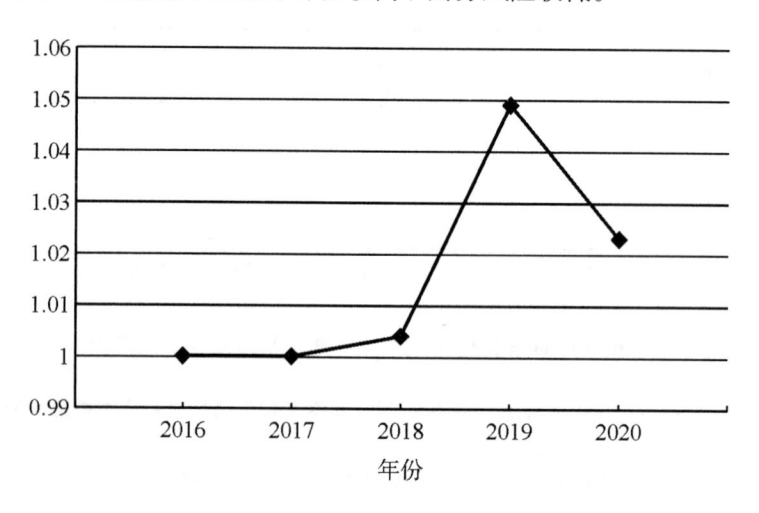

图 4-3　2016—2020 年 W 稀土股份有限公司财务杠杆系数变化

（4）控制权结构与治理结构的分析。

W 稀土股份有限公司 2016—2020 年 8 大股东占股比例及累计比例见表 4-4。

表4-4 W稀土股份有限公司2016—2020年8大股东占股比例及累计比例

单位:%

股东	股东1	股东2	股东3	股东4	股东5	股东6	股东7	股东8
占股比例	23.98	16.10	2.85	0.58	0.53	0.30	0.27	0.27
累计比例	—	—	—	—	—	—	—	44.88

数据来源:根据W稀土股份有限公司2016—2020年财务报表数据整理。

从表4-4可以看出,W稀土股份有限公司的股权集中度较高且较稳定,相对集中的股权结构有利于通过"用手投票"的方式实现企业治理,能够克服散户占比高和"用脚投票"治理企业的不足。W稀土股份有限公司的第一大股东和第二大股东较稳定,第三至第八股东频繁变化,原第三大股东于2020年退股,又有新的股东进入,股东结构不稳定会给企业治理带来一些新问题。

(5)资本结构所决定的利益相关者之间的和谐性。

和谐性是指合作各方满意的价值,公平性是指各利益相关者满意价值的分配。W稀土股份有限公司2016—2020年资产增长率和每股收益增长率见表4-5。

表4-5 W稀土股份有限公司2016—2020年资产和每股收益情况

年份	2016年	2017年	2018年	2019年	2020年
资产增长率/%	-19.82	-0.15	9.50	16.10	13.22
每股收益增长率/%	104.68	63.68	233.76	-15.61	224.66

数据来源:根据W稀土股份有限公司2016—2020年财务报表数据整理。

从表4-5可以看出,W稀土股份有限公司的资产在2016—2020年呈增长趋势,且增长较快;每股收益除了2019年外,也总体保持增长趋势,具体见图4-4。

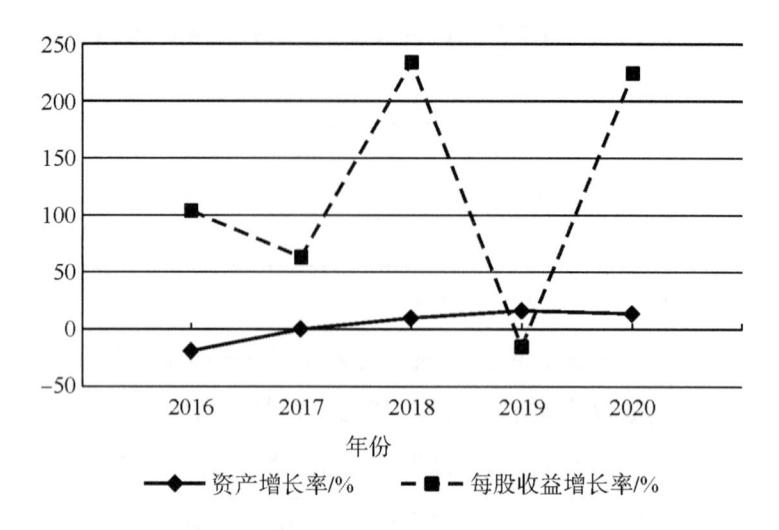

图 4-4　W 稀土股份有限公司 2016—2020 年资产增长率和每股收益增长率变化

从图 4-4 可以看出，2016—2020 年 W 稀土股份有限公司的每股收益增长率和资产增长率呈不同步的变化趋势。按照资产是创造利润源泉的这一依据，二者至少应大致保持同趋势变化，W 稀土股份有限公司 2016—2020 年的每股收益增长率高于资产增长率且波动幅度较大。

4.3.1.5　存在的问题

（1）W 稀土股份有限公司的投资收益与综合资本成本率不匹配。

W 稀土股份有限公司的总资产报酬率与综合资本成本率的比值在 2016—2017 年呈下降趋势且比值小于 1，但在 2017—2018 年、2019—2020 年均呈增长趋势且比值大于 1。总体来看，虽然 W 稀土股份有限公司的获利能力在提升，但盈利能力不强。由此可以判断，W 稀土股份有限公司的资本结构存在一定问题。

（2）资本期限结构与资产结构协调性较差。

2016—2020 年，W 稀土股份有限公司的短期资本与短期资产的比值远远小于 1，长期资本与长期资产的比值均远远大于 1。总体来说，W 稀土股份有限公司 2016—2020 年的资本组合与资产组合配比一直是用很大一部分的长期资本代替短期资本并用于短期资产，这会影响其当期和未来的获利能力。

(3) W稀土股份有限公司财务弹性高会影响其获利能力。

W稀土股份有限公司2016—2019年的财务杠杆系数上升了,2019—2020年财务杠杆系数有较大幅度下降,但财务杠杆系数均在1左右。总体来看,W稀土股份有限公司的财务杠杆系数较低,且对未来资金需求的财务弹性较高、财务风险较低,然而债务资本比例低会提高企业的综合资本成本率,从而影响企业的获利能力。

(4) 控制权相对集中度过高。

W稀土股份有限公司的第一大股东和其他几个大股东占股比例过高,这虽然保证了企业的控制权,使企业管理效率提高,但是股权过度集中也会产生不利的影响,会导致控股股东对企业的参与度过高,从而导致董事会、监事、中介机构缺乏独立性,进而导致企业及中小股东利益受到侵害。

(5) 利益分配与资产和谐度较低。

W稀土股份有限公司2016—2020年每股收益增长率和资产增长率不是同步变化的。按照资产是创造利润源泉的这一依据,二者至少应大致保持同趋势变化,W稀土股份有限公司2016—2020年的每股收益增长率高于资产增长率且波动幅度较大。

4.3.1.6 建议

(1) 降低资本成本,提高投资收益。

W稀土股份有限公司应增加短期债务资本、减少长期股权资本、改善资本结构,进而调整资产结构、提高资产盈利能力、扭转经营不利的局面。

(2) 资本期限结构与资产结构协调性建议。

W稀土股份有限公司可适当减少长期资本,增加短期资本,也可以让短期资本与短期资产的比值大于1、长期资本与长期资产的比值小于1。

（3）降低财务弹性、提高获利能力。

W稀土股份有限公司可以通过增加债务资本的方式适当提高财务杠杆系数，进而降低较高的财务弹性和综合资本成本率，提高获利能力。

（4）分散控制权。

W稀土股份有限公司可以适当分散股权，引入优秀的投资者，如保险公司、养老机构的投资者，这样不仅可以防止"一股独大"，还可以加强内部经营管理，提高企业治理效率。

（5）提高利益分配与资产和谐度。

W稀土股份有限公司应调整资本规模和结构，从而优化资产规模和结构，调整收益分配策略，保护债权人利益，使股东和员工的收益变化与资产的变化保持同步。

4.3.2　C股份有限公司利润质量分析

4.3.2.1　样本选取依据

（1）行业选取。

随着信息技术、智能制造技术等的不断发展，以及供给侧结构性改革的不断深化，战略性新兴产业的发展势头依然强劲，这些都对我国的传统企业产生了很大的冲击。资源型企业在传统企业中占有很大比重，而资源型企业既是国民经济发展的重要支柱，也是我国企业在国际竞争中的重要力量。与此同时，资源型企业的产能利用率低，资源消耗大，产品附加值低。近年来，我国资源型企业的产能利用率得到了一定提高，这是因为我国实行了节能减排的方针。但更主要的原因是，资源型企业要不断适应不确定的环境。当前，世界局势也十分复杂，俄乌冲突以及新型冠状病毒感染疫情（以下简称新冠疫情）对全球产业链、供应链产生了巨大的冲击。

钢铁行业是我国经济、社会发展的重要组成部分。该产业拥有大量的上下游企业，在扩大就业、改善民生等方面发挥着重要的作用，也促进了整个产业链的发展。2015年年底,为了走出价格持续低迷、库存积压、供大于求的市场困难,政府启动了供给侧结构性改革。在这之前,钢铁价格上升,钢铁行业的盈利能力大幅提升,但环境保护的压力和厂房搬迁工作加大了部分企业的投资压力,导致其总债务规模依然偏大。钢铁行业受新冠疫情的持续影响,国内外市场需求持续下滑,大宗原材料价格大幅上涨且持续维持在高位,钢铁企业的盈利水平受到不同程度的影响,行业整体盈利水平下滑,这也给企业经营带来了新的挑战。在这种背景下,如何提高钢铁企业的利润质量,摆脱行业发展面临的困难,已成为钢铁行业需要思考的问题。

(2) 样本企业情况。

C股份有限公司的前身是C钢管有限公司,C钢管有限公司成立于1958年。C股份有限公司于2008年2月2日成立,并于2010年在深圳证券交易所上市。C股份有限公司研发的多项国家级、省级科技成果,入选国家火炬计划并获得国家发明专利。C股份有限公司拥有先进的技术设备和较强的生产能力,也是专业钢管制造企业、无缝钢管的自营进出口企业。

C股份有限公司专业生产各类特种无缝钢管,是国内重点生产油井管、小口径合金高压锅炉管的专业厂家,主营业务包括油气管道、工程机械用管、电站锅炉用管等,是中国石化集团"能源一号网"成员、锅炉行业的三大龙头之一。其营业收入占当期收入比重97%的是钢管业务,钢管业务是其主要的收入来源。2017年11月,C股份有限公司成为医疗服务和能源管材生产销售并举发展的双主业上市公司。2021年,C股份有限公司根据专注于主营业务发展的需要,退出医疗板块,将业务重点放在钢管生产上。

4.3.2.2 定量分析指标设计依据

（1）利润的含金量。

企业的每项利润都会导致财务报表中的各项指标发生相应的变化：企业的收益增加，相应的资产增加，负债减少。袁卫秋认为，成本上升后，相应的资产减少，相应的债务增加。人们普遍认为，企业最终会产生足够的自由支配资金，这是一种最理想的状态。张志宏等发现，会计利润是以企业的经营业绩为依据的。会计利润的确认时间和实际的现金支付时间不一致。在会计上，无论是确认收入还是确认成本及费用，都要受到会计政策的主观选择的影响。受到会计真伪判断的影响，利润的含金量问题也应该受到一定的关注。

（2）利润的持续性。

企业保持一定的盈利水平，是其投资成功的关键。没有持续盈利的企业，其未来的发展前景是非常不明朗的，其会计基础假设很有可能不稳定。另外，在一定时期内，如果企业的利润通过人为的方法来掩盖（基本视为造假），这种盈利由于没有可持续性，早晚会被发现。本书认为，盈利能力的可持续性是衡量企业盈利能力的一个重要指标，盈利能力可以分为成长性和波动性两个维度。

（3）利润的战略吻合性。

李世辉等认为企业资产结构的差异（经营和投资的比率）源于不同的资源分配策略，不同的收益方式也会导致不同的收益结构，从而使企业的收益结构和资本结构具有一致性，从某种程度上反映公司的资源分配策略。赵晓丽在对企业利润与资产构成的对应关系的研究中，忽视了"资产减值损失""商誉减值损失""公允价值变动收益"这三个项目。

4.3.2.3 定量分析指标

（1）利润质量的含金量指标。

①同口径核心利润相关指标。

本书根据相关理论计算出经营活动净现金流量与同口径核心利润比值指标。核心利润是指企业开展经营活动所赚取的经营成果。然而两者在计算口径上存在差异，本书将核心利润调整为同口径核心利润，并与现金流量净额进行比较。在企业稳定发展的情况下，同口径核心利润应该大致与现金流量表中的业务活动的净现金流量保持一致，但如果两者之间的差异太大，则是有问题的。其计算公式如下：

同口径核心利润＝核心利润+固定资产折旧+其他长期资产价值摊销+利息费用-所得税费用

②投资收益相关指标。

本书根据相关理论计算出投资收益现金回款指标。由于被投资企业宣告发放股利和实际发放股利之间总有时间差，所以在分析投资收益的含金量时，应当将现金回款与相应的投资收益进行对比。企业真正的财富只能在应计入的现金流转化为实际的现金流时才能实现增长。若投资回报的价值高于现金回报，则说明企业的投资回报质量较低，且存在泡沫回报。其计算公式如下：

投资收益的现金回款＝（现金流量表中的"取得投资收益收到的现金"金额+年末资产负债表中"应收股利"与"应收利息"之和）－（年初资产负债表中的"应收股利"与"应收利息"之和）

③应收账款周转率。

本书根据相关理论计算出应收账款周转率指标。应收账款是企业流动资产中的重要组成部分。企业应收账款能否及时回收，将直接影响企业的资金运用效率。应收账款周转率是体现企业应收账款周转速度的一项重要指标，它体现了企业的应收账款在特定时间段内转换为现金的平均次数。

应收账款周转率越高,应收账款管理效率也就越高。其计算公式如下:

应收账款周转率(次)= 销售收入÷应收平均账款

应收平均账款=(期初应收账款+期末应收账款)÷2

(2)利润的持续性指标。

①成长性指标。

a. 营业收入增长率。

本书根据相关理论测算出营业收入增长率指标。业务收入的增长是企业赖以生存、发展的必要条件。不断增加的营业收入是企业生存的基础和发展的条件。通常来讲,具有高成长性的企业都是主营业务发展较快的企业。营业收入增长率越高,表明企业产品的市场需求越大,企业的业务扩张能力越强。其计算公式如下:

营业收入增长率=(本期营业收入−上期营业收入)÷上期营业收入×100%

b. 总资产增长率。

本书根据相关理论计算出总资产增长率指标。总资产增长越快,企业的资产规模扩张速度越快。在进行资产规模扩张时,企业应注意资产规模扩张的质量与数量之间的关系,避免盲目扩张。其计算公式如下:

总资产增长率=(本期资产总额与上期资产总额之差÷上期资产总额)×100%

c. 毛利率。

本书根据相关理论计算出毛利率指标。毛利率可以从一定程度上反映企业的盈利能力,而企业的盈利水平可以从一定程度上反映其市场竞争力。所以,企业有必要分析毛利率的变化趋势。其计算公式如下:

毛利率=(毛利÷营业收入)×100%

d. 核心利润和核心利润率的增长率。

本书根据相关理论计算出核心利润增长率指标。通过对核心利润增长率的测算与对比,我们可以从分析企业的运营状况,进而对企业未来的发展趋势做出大致预测。同时,通过对企业核心收益增长速度的测算,我们也可以更好地了解企业的运营状况。其计算公式如下：

$$核心利润 = 毛利润 - 税金及附加 - 三项费用$$

$$核心利润率 = （核心利润 \div 营业收入） \times 100\%$$

②波动性指标。

a. 非经常性损益占比。

本书根据相关理论计算出非经常性损益占比指标。净利润很高，只是对企业业绩的概括说明，但净利润很高并不能保证企业具有很好的发展前景。非经常性损益占比的计算公式如下：

$$非经常性损益占比 = 非经常性损益 \div 利润总额$$

b. 营业利润占比。

本书根据相关理论计算出营业利润占比指标。企业的营业利润和可持续获取的投资收益均属于经常性利润，但没有持续性的投资收益和营业外收入均属于非经常性利润。企业的利润稳定性越高，则企业经常性利润越多；反之，则会出现企业利润稳定性较差和利润质量下降等问题。其计算公式如下：

$$营业利润占比 = （营业利润 \div 利润总额） \times 100\%$$

③利润战略吻合性指标。

a. 利润结构与资产结构的匹配性指标。

本书根据相关理论分别计算出经营性资产与投资性资产比值、核心利润与投资收益的比值。从长远来看，如果二者的收益水平大致相等，那么企业的策略执行得更好，收益策略的一致性也更高；当二者存在很大差异时，当某些主观因素和客观因素都不能给出合理的解释时，则执行策略不能很好地执行，且利润策略的一致性也不高。

b. 企业各类资产的盈利能力指标。

由于企业采用的战略不同，其资产构成和利润构成也不尽相同，所以企业的各种资产往往具有不同的收益。企业需要对其进行相应的收益分析，以便于管理层及时调整其经营策略，同时也有助于投资者对企业未来的发展趋势做出正确的判断。

经营性资产的盈利能力指标：

经营性资产报酬率＝（核心利润÷平均经营性资产）×100%

投资性资产的盈利能力指标：

投资性资产报酬率＝（投资收益÷平均投资性资产）×100%

资产管理和利润操纵倾向指标：

企业通过对比投资与被投资资产、核心利润与经营性资产在相对盈利能力上的差异，可以对企业的资产管理、利润操纵等情况进行判断。

投资收益与经营资本收益水平大致相同时，人们普遍认为，企业内部的产品运营行为与其在对外投资中所进行的产品运营活动具有相同的赢利能力，并且二者的运营效率也是相同的。企业对外投资的回报高于营运资金，但营运资产的盈利能力却很弱，则说明企业在营运资产中存在着不良占用（或非经营性占用）、资金周转缓慢、产品在市场上缺乏竞争优势等问题。投资收益比营运资产收益低时，人们普遍认为，企业的对外投资收益正在降低。企业营运资产的获利能力越高，就说明其经营资产的质量更好，其产品的市场竞争力也更强。

4.3.2.4 实例分析

（1）利润含金量分析。

①同口径核心利润的含金量分析。

C股份有限公司2016—2020年的同口径核心利润和经营活动产生的现金流量净额见表4-6。下面将通过详细的对比，进一步分析C股份有限公司核心利润的含金量。

表 4-6　C 股份有限公司 2016—2020 年经营活动产生的
现金流量净额、同口径核心利润、存货周转率

年份	2016 年	2017 年	2018 年	2019 年	2020 年
经营活动产生的现金流量净额/万元	57 412.00	68 633.00	66 918.00	67 147.00	-48 276.00
同口径核心利润/万元	44 388.86	113 631.01	117 622.19	65 872.56	37 963.90
存货周转率/次	4.566	5.248	4.23	3.527	3.4

数据来源：根据 C 股份有限公司 2016—2020 年财务报表数据整理。

一般来说，经营活动的现金流量净额应当稍高于（或大致等于）同口径的核心利润，但如果两者之间的差异太大，则说明企业的经营活动存在一定问题。在传统的工业企业中，经营活动产生的现金流量净额应为核心利润的 1.2~1.5 倍。由表 4-6 我们可以看到，C 股份有限公司近五年的存货周转率为 3.4~5.3。

由表 4-6 可以看出，2017 年、2018 年、2020 年，C 股份有限公司经营活动产生的现金流量净额远低于同口径核心利润，这两者的比值明显不在合理范围内。2016 年、2019 年，其经营活动产生的现金流量净额稍高于同口径核心利润，这两者的比值在合理范围内。为了更清楚地看到两者的比值，根据表 4-6 的相关数据，本书对经营活动产生的现金流量净额和同口径核心利润进行计算后得到了图 4-5。

由图 4-5 我们可以更清晰地看到，经营活动产生的现金流量净额与同口径核心利润的比值关系在 2016—2020 年的走势。由图 4-5 可以看出，经营活动产生的现金流量净额与同口径核心利润的比值只有 2016 年和 2019 年是在合理范围的；2017 年、2018 年和 2020 年，经营活动产生的现金流量净额远低于同口径核心利润，原因可能有以下两点：

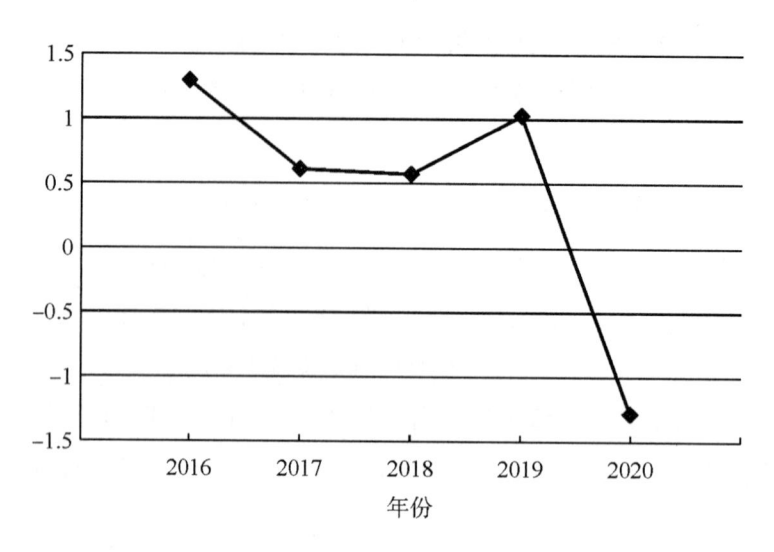

图 4-5　C 股份有限公司 2016—2020 年经营活动产生的
现金流量净额与同口径核心利润的比值

一是企业的收入和支出异常下降，导致资金回款不足，从而导致现金流量表中的经营活动产生的现金流量净额的变动。二是企业经营活动净流入减少。对 C 股份有限公司 2016—2020 年财务报表数据进行整理后，可得到表 4-7。

表 4-7　C 股份有限公司 2016—2020 年商业债权、商业负债、营业收入

年份	2016 年	2017 年	2018 年	2019 年	2020 年
销售商品、提供劳务收到的现金/万元	300 756.00	486 751.00	501 805.00	363 713.00	377 471.00
营业收入/万元	349 441.00	537 613.00	528 511.00	394 186.00	422 644.00
商业债权/万元	76 362.00	110 580.00	88 782.00	67 326.00	108 361.00
商业负债/万元	116 328.00	144 626.00	129 467.00	142 091.00	182 338.00

数据来源：根据 C 股份有限公司 2016—2020 年财务报表数据整理。

2017 年、2018 年，C 股份有限公司的营业收入高于其他几年的营业收入，但销售商品、提供劳务收到的现金与营业收入的差额也较大。由此可见，C 股份有限公司虽然营业收入有所增长，但是收款率异常下降造成资金回款能力不足，致使现金流量表中的经营活动净流入减少。结合表 4-6

和表 4-7 可以看出，虽然 2020 年销售商品、提供劳务收到的现金较多，但商业负债和商业债权激增，现金流量净额直线下降。再结合 2020 年全球新冠疫情的背景可知，钢铁行业的物流速度放缓、成本大幅上升，钢铁行业的核心利润都受到了较大冲击。

②投资收益的含金量分析。

C 股份有限公司 2016—2020 年投资收益的现金回款和投资收益相关数据见表 4-8。

表 4-8 C 股份有限公司 2016—2020 年投资收益情况

年份	2016 年	2017 年	2018 年	2019 年	2020 年
投资收益的现金回款/万元	2 474.00	754.00	1 148.00	44.00	1 149.00
投资收益/万元	2 474.00	754.00	1 065.00	1 070.00	-8 228.00

数据来源：根据 C 股份有限公司 2016—2020 年财务报表数据整理。

由表 4-8 可以看出，2016—2018 年投资收益的现金回款与投资收益基本上是保持一致的，说明这三年的投资收益都给 C 股份有限公司带来了基本相等的现金流入，因此企业投资收益的含金量较高。2019—2020 年，投资收益的现金回款与投资收益之间的差额越来越大。为了更清楚地看到两者的关系变化，根据表 4-8 的相关数据，本书计算了 C 股份有限公司 2016—2020 年投资收益的现金回款与投资收益的比值，得到了图 4-6。

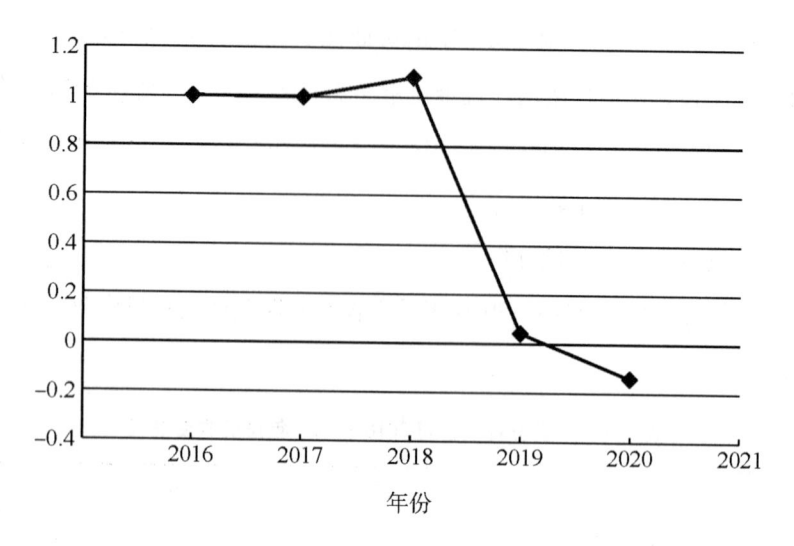

图 4-6　C 股份有限公司 2016—2020 年投资
收益的现金回款与投资收益的比值

由图 4-6 可以更清楚地看到，两者的比值在 2018 年后就直线下降，特别是 2020 年这一比值因为受到全球疫情大环境的影响直接降为负值。二者的差距越大，则投资回报泡沫越大，而这一区间的投资收益并不会产生对应的资金流入，因而在某种程度上会使企业的盈利水平下降，而这一时期的投资回报则相对较低。

③应收账款含金量分析。

C 股份有限公司的应收账款、销售收入、应收账款周转率的相关数据见表 4-9。

表 4-9　C 股份有限公司 2016—2020 年应收账款、销售收入、应收账款周转率

年份	2016 年	2017 年	2018 年	2019 年	2020 年
应收账款/万元	47 449.50	59 843.50	65 255.00	53 017.00	52 618.50
销售收入/万元	300 756.00	486 751.00	501 805.00	363 713.00	377 471.00
应收账款周转率	6.34	8.13	7.69	6.86	7.17

数据来源：根据 C 股份有限公司 2016—2020 年财务报表数据整理。

由表 4-9 可以看出，C 股份有限公司 2016—2020 年的应收账款周转率波动较大，但最近几年整体还呈现出下降的趋势，从而影响企业正常的资金周转能力和偿债能力。C 股份有限公司的利润含金量较低，其应收账款与销售收入的比值趋势变化见图 4-7。

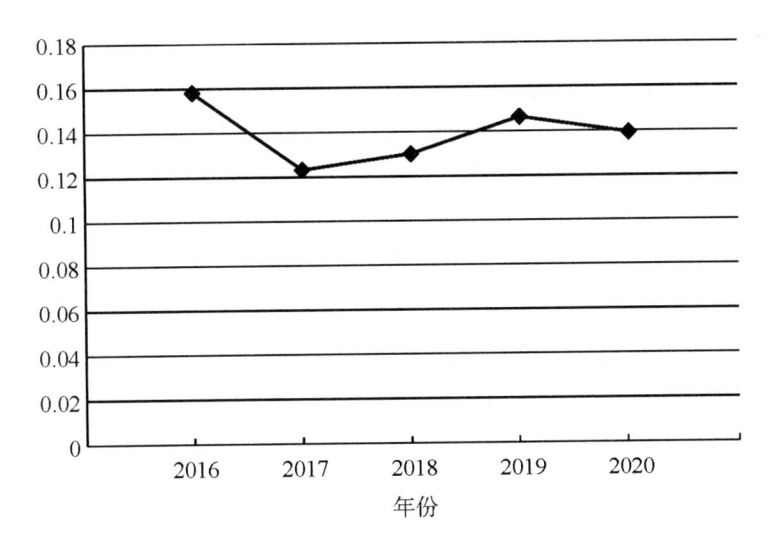

图 4-7　C 股份有限公司 2016—2020 年应收账款与销售收入的比值

从图 4-7 可以看出，C 股份有限公司 2016—2020 年的应收账款占销售收入的比重并不算高，对利润的含金量影响不大。

（2）利润持续性指标分析。

①成长性分析。

a. 营业收入增长率。

本书以 C 股份有限公司 2015—2020 年的财务报表为数据来源，将数据计算整理后得到表 4-10。

表 4-10　C 股份有限公司 2015—2021 年营业收入增长率

年份	2015 年	2016 年	2017 年	2018 年	2019 年	2020 年
营业收入/万元	220 532.00	349 441.00	537 613.00	528 511.00	394 186.00	422 644.00

数据来源：根据 C 股份有限公司 2015—2020 年财务报表数据整理。

从表 4-10 可以看出，2015—2020 年，C 股份有限公司的营业收入整体呈现出下降的趋势。2015—2017 年 C 股份有限公司的营业收入都处于正增长的状态，2018—2019 年 C 股份有限公司的营业收入处于负增长状态，直到 2020 年才实现了正增长。为了更直观地看到营业收入的变化，本书通过表 4-10 整理出营业收入增长率（见图 4-8）。

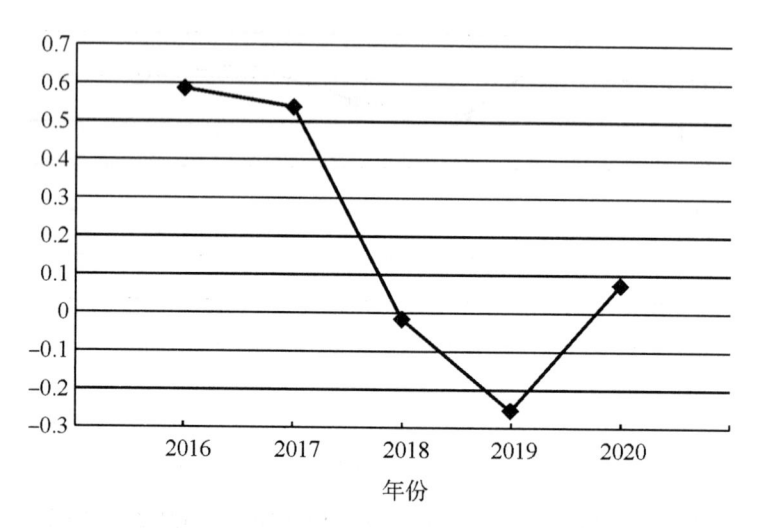

图 4-8　C 股份有限公司 2016—2020 年营业收入增长率

由图 4-8 可知，2016—2020 年 C 股份有限公司的主营业务收入都为正收入，但营业收入增长率 2016—2019 年整体上呈下降的趋势。2016 年，C 股份有限公司的营业收入增长率在整个行业发展态势都比较好的情况下达到了 58.45%，在 2017 年稍有下降，但还是保持在 53.85% 的高增长率上。2018 年，C 股份有限公司的营业收入增长率呈现出断崖式下降的趋势，出现负增长，说明 C 股份有限公司已经处于衰退期；2019 年该指标还是呈现出下降的趋势，仍然处于负增长的状态，已经达到了 -25.42%，说明 C 股份有限公司在这一年间所做出的决策并没有改变企业目前的业务状况，企业主营产品的竞争力仍然呈现出颓势；直到 2020 年，该指标才一改之前的下降趋势，上升到了 7.22%，处于 5%~10%。虽然，C 股份有限公司的营业收入较之前几年有所上涨，还实现了正增长，但是 C 股份有限公司并没有完全脱离困境，如果后续C股份有限公司不能开发出更好的产品，那么公司还会重蹈覆辙，进入衰退期。总体而言，C股份有限公司的利润成长性依然不高。

b. 总资产增长率。

本书根据C股份有限公司2015—2020年的财务报告为数据来源，将数据整理后得到表4-11。

表4-11 C股份有限公司2015—2020年总资产情况

年份	2015年	2016年	2017年	2018年	2019年	2020年
总资产/万元	393 255.00	567 936.00	642 260.00	684 404.00	688 780.00	697 068.00

数据来源：根据C股份有限公司2015—2020年财务报表数据整理。

从表4-11可以看出，C股份有限公司的资产在2015—2020年都处于正增长状态，但资产增长的速度是在不断变慢的。本书通过C股份有限公司的资产计算得到总资产增长率（见图4-9）。

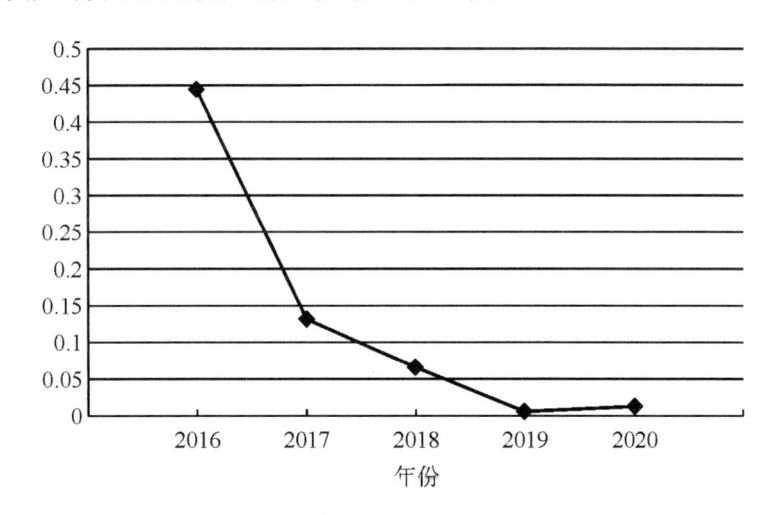

图4-9 C股份有限公司2016—2020年总资产增长率

从图4-9可以看出，总体而言，C股份有限公司2016—2020年的总资产增长率呈现出持续下滑的态势，企业规模扩张的步伐放缓。由于整个行

4 资源型企业财务危机分析 | 85

业的利润下滑，C股份有限公司的总资产增长率在2019年跌到了谷底，为0.64%。虽然2020年这一指数略有上升，但仍在缓慢增长。从这一点可以看出，C股份有限公司的发展潜力不大，其能否持续发展尚待观察。

c. 毛利润与毛利率的走势。

本书根据C股份有限公司2016—2020年的财务报告为数据来源，将数据计算并整理后得到表4-12。

表4-12 C股份有限公司2016—2020年毛利润和营业收入

年份	2016年	2017年	2018年	2019年	2020年
毛利润/万元	53 689.00	118 117.00	136 316.00	70 070.00	36 261.00
营业收入/万元	349 441.00	537 613.00	528 511.00	394 186.00	422 644.00

数据来源：根据C股份有限公司2016—2020年财务报表数据整理。

从表4-12可以看出，2016—2018年C股份有限公司的毛利润呈现出逐年上涨的趋势。2019—2020年由于新冠疫情的原因，钢铁行业行情不景气，毛利润在不断减少。为了更明确地看到毛利润的变化，本书根据表4-12的毛利润和营业收入计算出C股份有限公司2016—2020年毛利率的变化趋势（见图4-10）。

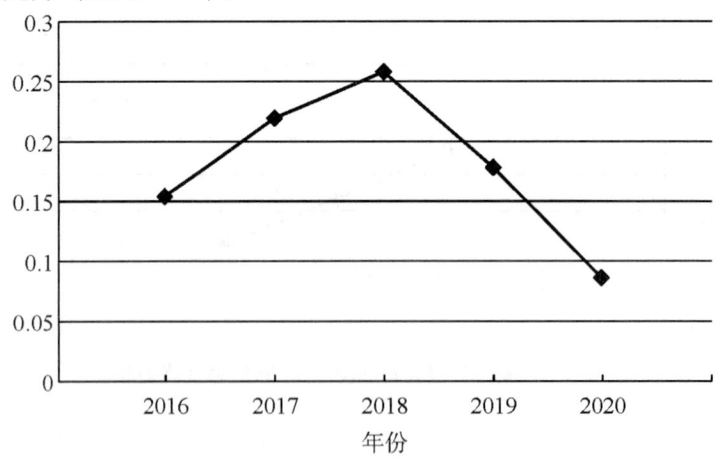

图4-10 C股份有限公司2016—2020年毛利率的变化趋势

从图 4-10 可以看出，C 股份有限公司的毛利率在 2016—2020 年都为正，在 2018 年达到峰值，整体呈现出先上升后下降的趋势。2018—2020 年 C 股份有限公司的毛利率就开始下降。结合当时的行业背景我们可以得知，疫情给整个钢铁行业带来了很大的冲击，并非只有 C 股份有限公司的利润水平受到了影响。

d. 核心利润和核心利润率的增长率。

本书以 C 股份有限公司 2016—2020 年的财务报表为数据来源，经过计算和整理后得到表 4-13。

表 4-13　C 股份有限公司 2016—2020 年核心利润及核心利润率

年份	2016 年	2017 年	2018 年	2019 年	2020 年
核心利润/万元	15 833.00	83 147.00	99 006.00	45 284.00	20 191.00
核心利润率/%	4.53	15.47	18.73	11.49	4.78

数据来源：根据 C 股份有限公司 2016—2020 年财务报表数据整理。

从表 4-13 可以看出，2016—2018 年 C 股份有限公司的核心利润率呈现出不断增长的状态，因 2019 年整个钢铁行业开始受到疫情冲击，2019—2020 年 C 股份有限公司的核心利润就开始不断下滑，2020 年的核心利润率降为 4.78%。C 股份有限公司的核心利润率的增长率见图 4-11。

从图 4-11 可以看出，C 股份有限公司的核心利润率的增长率在 2017 年为 241.34%，之后就开始断崖式下降，2018 年直接下降到 21.1%，在 2019—2020 年直接变为负。如果未来 C 股份有限公司不采取相应的措施，那么核心利润率还会持续下降。这说明 C 股份有限公司的盈利能力在不断下降。

综上所述，从营业收入增长率、总资产增长率、毛利率、核心利润和核心利润率这几个指标来看，C 股份有限公司的主营业务收入先下降再小幅上升，总资产增长率持续下降，毛利率先上升再下降，核心利润率先上升再下降。总体来看，C 股份有限公司的盈利能力差、增长动力不足、盈利水平较低。

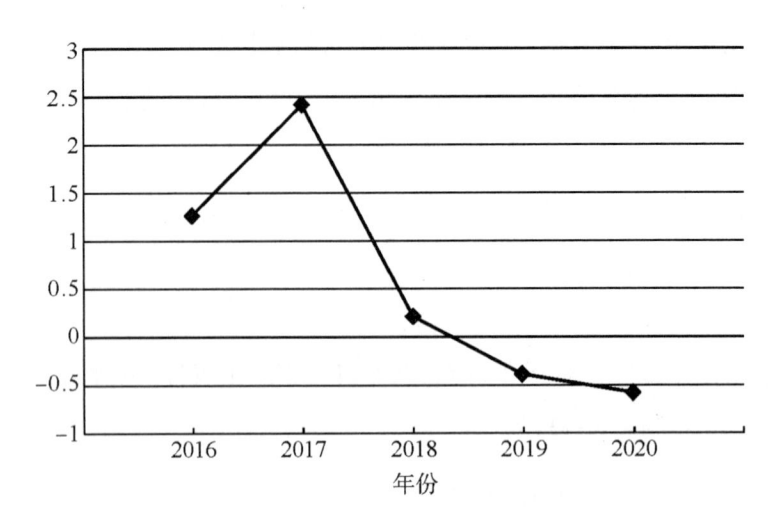

图4-11　C股份有限公司2016—2020年核心利润率的增长率

（3）波动性分析。

①非经常性损益占比。

本书以C股份有限公司2016—2020年的财务报表为数据来源，经过计算并整理后得到表4-14。

表4-14　C股份有限公司2016—2020年非经常性损益和利润总额

年份	2016年	2017年	2018年	2019年	2020年
非经常性损益/万元	2 408.35	-1 427.89	1 143.56	4 418.28	9 527.95
利润总额/万元	18 267.00	61 878.00	78 951.00	17 300.00	14 344.00

数据来源：根据C股份有限公司2016—2020年财务报表数据整理。

从表4-14可以看出，2016—2017年C股份有限公司的非经常性损益在下降，2018—2020年却实现了快速增长。本书根据非经常性损益以及利润总额的相关数据计算出非经常性损益占利润总额的比值（见图4-12）。

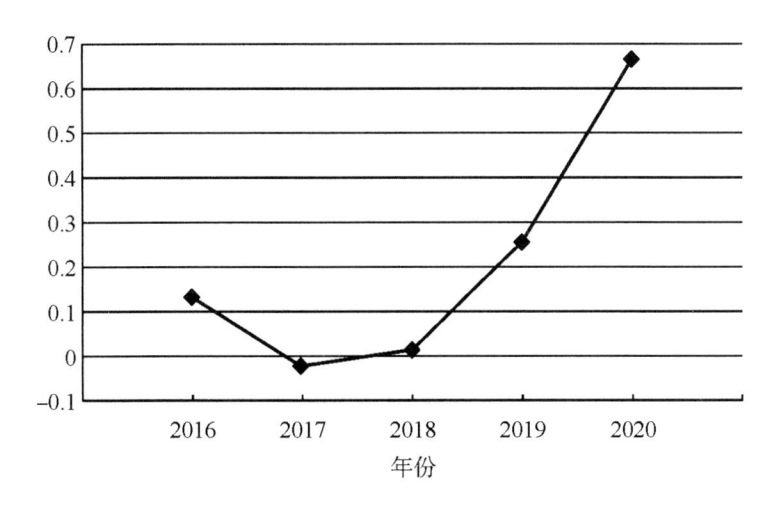

图 4-12　C 股份有限公司 2016—2020 年非经常性损益占利润总额的比值

由图 4-12 可知，2016—2017 年 C 股份有限公司非经常性损益占利润总额的比值呈下降趋势，2017—2020 年该指标逐年上升，2020 年直接高达 66.42%。由 C 股份有限公司的财务年报可知，2020 年 C 股份有限公司的营业外收入猛增到 18 864 万元，导致非经常性损益增加。2020 年非经常损益占比突增，C 股份有限公司 2020 年有很大一部分的利润由非经常性损益贡献，主营业务对利润的贡献低于非经常性损益。

②营业利润占比。

本书以 C 股份有限公司 2016—2020 年的财务报表为数据来源，经过计算并整理后得到表 4-15。

表 4-15　C 股份有限公司 2016—2020 年营业利润和利润总额

年份	2016 年	2017 年	2018 年	2019 年	2020 年
营业利润/万元	18 360.00	64 725.00	79 849.00	18 503.00	-4 282.00
利润总额/万元	18 267.00	61 878.00	78 951.00	17 300.00	14 344.00

数据来源：根据 C 股份有限公司 2016—2020 年财务报表数据整理。

从表 4-15 可以看出，C 股份有限公司 2016—2019 年的营业利润都比利润总额稍高一些，说明 C 股份有限公司的营业利润为利润总额做出了很大的贡献。2020年，C股份有限公司的营业利润直线下降，甚至降为−4 282万元。为了更直观地看出两者的关系，本书根据表4-15的数据计算出营业利润占利润总额的比值，如图4-13所示。

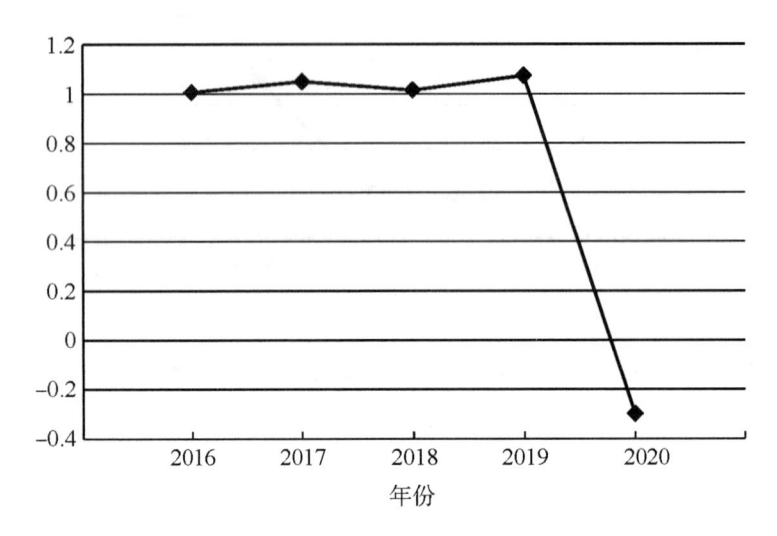

图4-13　C股份有限公司2016—2020年营业利润占利润总额的比值

从图4-13可以看出，除2020年之外，C股份有限公司其余四年的营业利润占利润总额的比值均超过1，表明C股份有限公司主要业务业绩表现较好，可为公司带来相对稳定、可持续的利润。2020年，C股份有限公司的营业利润降为负数。查阅资料可知，2020年受全球疫情、短期资本炒作以及国内外需求上升等因素的影响，铁矿石等原料价格快速上涨，钢铁企业阶段性成本压力加大。2020年下半年在调控政策及需求回落的影响下，铁矿石及煤炭价格有所回调，钢铁企业的成本压力逐渐减小。但是，我们不能因为2020年营业利润占比回落就判定C股份有限公司的利润质量不好。C股份有限公司2020年第三季度和第四季度的营业利润有所回升，公司的整体情况和整个行业的情况基本吻合，所以从总体上看，在没有受到不可抗力因素的影响时，C股份有限公司的利润质量还是比较稳定的。

(4) 利润战略吻合性指标分析。

①利润结构与资产结构的匹配性指标。

a. 经营性资产与投资性资产情况。

本书以 C 股份有限公司 2016—2020 年的财务报表为数据来源,经过计算并整理后得到表 4-16。本书通过计算经营性资产与投资性资产的比例关系、核心利润与投资收益的比例关系,通过比较两者之间的关系对 C 股份有限公司自身利润的战略吻合性加以评价。

表 4-16　C 股份有限公司 2016—2020 年经营性资产与投资性资产

年份	2016 年	2017 年	2018 年	2019 年	2020 年
经营性资产/万元	464 688.00	541 118.00	569 678.00	532 932.00	554 940.00
投资性资产/万元	1 140.53	6 530.90	12 375.39	35 540.89	71 769.89

数据来源:根据 C 股份有限公司 2016—2020 年财务报表数据整理。

从表 4-16 可以看出,C 股份有限公司 2016—2020 年的经营性资产都远大于投资性资产,直到 2019 年和 2020 年两者的差额才有所下降,但经营性资产仍然居高不下,说明 C 股份有限公司是经营型企业。

b. 核心利润与投资收益情况。

本书以 C 股份有限公司 2016—2020 年的财务报表为数据来源,经过计算并整理后得到表 4-17。

表 4-17　C 股份有限公司 2016—2020 年核心利润与投资利益

年份	2016 年	2017 年	2018 年	2019 年	2020 年
核心利润/万元	15 833.00	83 147.00	99 006.00	45 284.00	20 191.00
投资收益/万元	2 474.00	754	1 065.00	1 070.00	-8 228.00

数据来源:根据 C 股份有限公司 2016—2020 年财务报表数据整理。

从表 4-17 可以看出,C 股份有限公司 2016—2020 年的核心利润是远大于投资收益的,直到 2020 年两者的差额才有所下降,但核心利润仍然是居高不下的,这符合经营型企业的特点。

c. 经营性资产的盈利能力指标。

本书以 C 股份有限公司 2016—2020 年的财务报表为数据来源,经过计算并整理后得到表 4-18。

表 4-18　C 股份有限公司 2016—2020 年平均经营性资产与核心利润

年份	2016 年	2017 年	2018 年	2019 年	2020 年
平均经营性资产/万元	398 413.50	502 903.00	555 398.00	551 305.00	543 936.00
核心利润/万元	15 833.00	83 147.00	99 006.00	45 284.00	20 191.00

数据来源：根据 C 股份有限公司 2016—2020 年财务报表数据整理。

本书根据 2016—2020 年 C 股份有限公司的平均经营性资产和核心利润得出其经营性资产报酬率变化趋势，如图 4-14 所示。

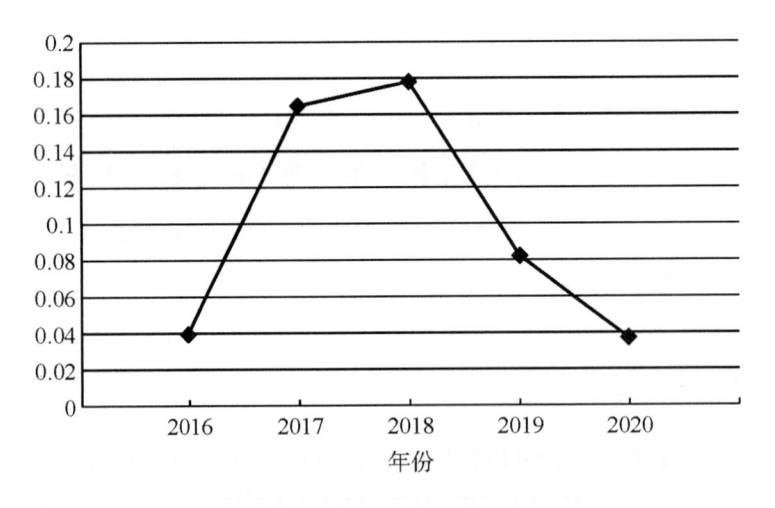

图 4-14　C 股份有限公司经营性资产报酬率变化趋势

从图 4-14 可以看出，2016—2020 年 C 股份有限公司的经营性资产报酬率经历了先上升后下降的趋势，2018 年则成了转折点，2019 年的经营性资产报酬率较 2018 年的经营性资产报酬率直接下降了一半，2020 年这一指标又比 2019 年下降了一半。这说明近几年 C 股份有限公司每一单位经营性资产为企业带来的核心利润正在不断下降，也说明 2018—2020 年企业实施的相关战略并没有提升经营性资产的盈利能力，战略吻合性较差。

d. 投资性资产的盈利能力指标。

本书以C股份有限公司2016—2020年的财务报表为数据来源，经过计算并整理后得到表4-19。

表4-19　C股份有限公司2016—2020年平均投资性资产与投资收益

年份	2016年	2017年	2018年	2019年	2020年
平均投资性资产/万元	8 091.96	3 835.715	9 453.15	23 958.14	53 655.39
投资收益/万元	2 474.00	754	1 065.00	1 070.00	-8 228.00

数据来源：根据C股份有限公司2016—2020年财务报表数据整理。

本书根据2016—2020年C股份有限公司的平均投资性资产和投资收益计算出其投资性资产报酬率变化趋势，如图4-15所示。

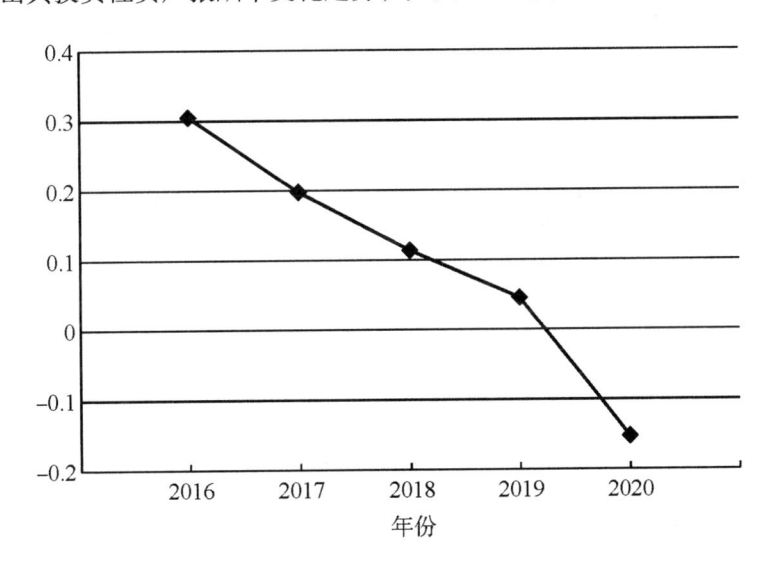

图4-15　C股份有限公司2016—2020年投资性资产报酬率变化趋势

从图4-15可以看出，C股份有限公司的投资性资产报酬率一直处于下降的态势，这说明投资性资产并没有给公司带来很大的利润。2020年，C股份有限公司的投资性资产报酬率为负，可以看出投资性资产不仅没有给公司带来盈利，还造成了亏损，说明公司的战略吻合性较低，公司的投资决策不太符合目前的发展情况。

②资产管理和利润操纵倾向指标。

本书以C股份有限公司2016—2020年的财务报表为数据来源，经过计算并整理后得到表4-20。

表4-20　C股份有限公司2016—2020年投资性资产报酬率与经营性资产报酬率

年份	2017年	2018年	2019年	2020年	2021年
经营性资产报酬率/%	3.97	16.53	17.83	8.21	3.71
投资性资产报酬率/%	30.57	19.66	11.27	4.47	-15.33

数据来源：根据C股份有限公司2016—2020年财务报表数据整理。

C股份有限公司2016—2020年的投资性资产报酬率和经营性资产报酬率如图4-16所示。

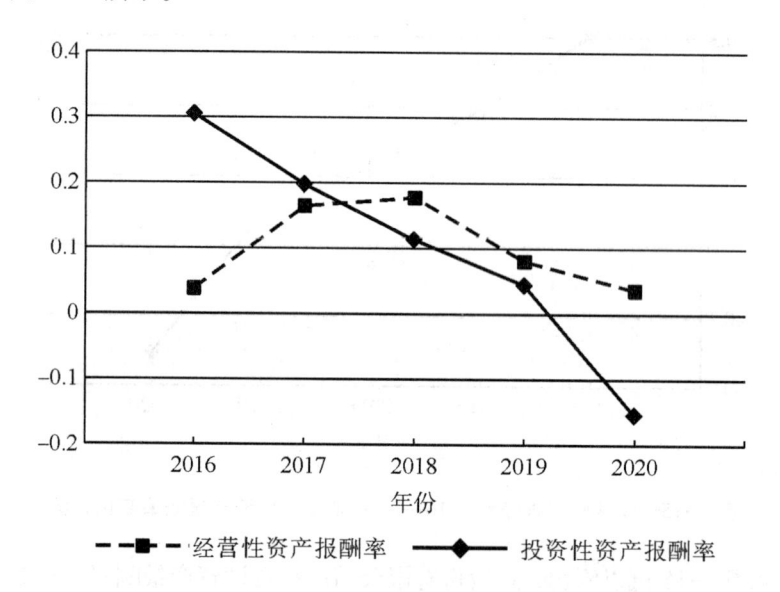

图4-16　C股份有限公司2016—2020年投资性资产报酬率与经营性资产性报酬率

从图4-16可以看出，C股份有限公司的投资性资产报酬率和经营性资产报酬率的差异，投资性资产报酬率除了2016年和2017年外，其他几年的数值均低于经营性资产报酬率，这表明投资性资产的获利能力弱于营运资本的获利能力。这说明，企业的对外投资收益正在不断减少。营运资产的获利能力越强，就说明其经营资产的质量更好，其产品的市场竞争力也更强。

4.3.2.5 存在问题

本书从利润的含金量、利润质量的持续性、利润的战略吻合性三个方面来分析C股份有限公司的利润质量，发现C股份有限公司的利润质量存在以下问题：

（1）应收账款周转率过低。

通常情况下，应收账款对企业的经营业绩有一定的影响。如果不能顺利地追回应收账款，将造成企业账面上的亏损。

从2016—2020年C股份有限公司的应收账款周转率可以看出，C股份有限公司的应收账款周转率2016—2020年的变化较小，但是相比其他公司还处于行业较低水平。通过查阅相关资料，我们发现C股份有限公司的应收账款占总资产的比重较大，而应收账款周转困难的主要原因是C股份有限公司的应收账款回收水平与同行业相比存在很大差距。这说明C股份有限公司在应收账款的管理上没有得到有效的控制，有很高的坏账率。

（2）存货周转率过低。

通过比较C股份有限公司和行业内其他公司的存货周转率可以看出，C股份有限公司的存货周转率在行业内处于下游水平。存货周转率越低，说明C股份有限公司的存货占用的资金就越多。过剩库存也可能会使企业出现库存过期、库存亏损过多、库存保留成本增加等问题，从而影响企业的盈利能力。

（3）营业收入增长率下降会拉低利润成长性。

结合营业收入增长率、总资产增长率、毛利率、核心利润率这几个指标的数据分析结果不难看出，C股份有限公司与行业内其他企业相比拥有较低的毛利率，同时，营业收入增长率维持在5%~10%。

虽然C股份有限公司的主营业务收入较为突出，但与同行业相比，其增长速度显然要慢得多。一般来说，主营业务收入是企业发展的命脉，只要企业的主营业务发展势头强劲，那么其发展前景就会更加广阔。C股份有限公司主营业务的发展与同行业相比较为缓慢，这种主营业务的现状令其今后的发展前景不明朗。

（4）非经常性损益占比过高，利润稳定性不强。

C股份有限公司经常性损益占比在2020年猛增，相应的营业利润占比也在骤降，在2020年时C股份有限公司的利润主要是依靠政府补贴和营业外收入，而非企业的主营业务收入。非经常性损益本身就存在一定的偶发性和非经常性，所以在很大程度上影响了企业的利润稳定性，导致利润质量的稳定性不高。

（5）利润的战略吻合性不高。

由经营性资产与投资性资产的比例关系、核心利润与投资收益的比例关系可知，二者的差额较大，说明C股份有限公司的利润战略吻合性较低。投资性资产报酬率一直处于下降的状态，说明C股份有限公司的投资性资产并没有给公司带来很大的盈利，特别是2020年的投资报酬率直接为负，说明投资性资产不仅没有给公司带来盈利，还造成了亏损，也说明公司的战略吻合性较低，公司的相关决策不太符合目前的发展情况。

受新冠疫情的影响，整个钢铁行业受到很大的冲击，但是后期同行业其他公司都开始改变策略，但C股份有限公司做出的策略显然不太成功，从而导致2020年的各项财务指标并没有得到好转。

4.3.2.6 建议

（1）加强应收账款的管理与控制。

持续的现金流保证了企业的发展。企业的偿债能力都依赖于现金流量。为了防止出现资金链断裂，减少亏损，企业必须要加强现金流管理。因此，为了提高盈利能力，C股份有限公司必须加强对应收账款的管理和控制。

首先，在进行信贷销售时，可以运用5C评价方法，对信用企业的品质、能力、资本、地域、环境等进行全面的分析，对其信用资质和风险状况进行全面的了解，并将其按信用资质和风险程度进行分类，为不同的客户制定不同的信用制度。在提高整体业务收入的同时，应尽量减少所面对的应收账款的风险。其次，要加强应收账款的监督与管理工作，不仅要从营销、财务管理、信贷风险管理工作等方面入手，还要加强对应收账款的管理，在发现客户的信用等级快速下滑的情况下，及时采取必要的措施，如提前收回应收账款、规范借款用途等。最后，要建立健全应收账款回收管理制度，在企业应收账款逾期情况下，根据拖欠的时间长短，有针对性地进行追缴，尽量减少因拖欠应收账款而造成的亏损。

（2）加强存货周转的管理。

当库存周转率下降时，大多数产品的周转率就会降低，大量的存货容易造成原材料老化、存货消耗增加、利润降低，并使资金管理变得困难。提高存货周转率，不仅能促进销售，还能有效地防止存货积压。

要提高存货周转率，就必须要对商品有足够的了解，将商品按供货量的大小进行分类，再制定相应的规划。虽然企业前期对产品的销售情况有一定的了解，但还是要制定一套考核制度，以使供货商有足够的资源。产品的销售受到很多因素的影响，企业要时刻关注销量和存货。

（3）夯实主营业务。

发展和壮大企业的主营业务，可以增强企业的盈利能力。企业要不断发展，就必须不断地进行创新，夯实主营业务。首先，企业要大力发展新型材料，不断提高自主创新能力。在技术革新上，企业更应该提升核心竞争力，把技术创新放在企业发展的优先地位，把主营产品作为主要的收入来源，主动引进和学习国外的重要技术。其次，企业要扩大主要产品的销售渠道，调整国内外主要产品的销售结构。随着经济的发展，企业也要适应时代的变化，放弃那些落后的、低效的生产设备。

（4）提高核心竞争力。

C 股份有限公司要提高核心竞争力，以技术创新为发展重点，以主营业务为利润来源，通过持续的盈利创造更高的利润，从而提高企业的营业利润占比。同时，C 股份有限公司要重视自身的日常经营，而不要依靠政府补助、营业外收入等非经常性损益来提高企业的利润。

（5）优化企业战略。

在新冠疫情期间，世界各地的经济都遭受了巨大的打击，钢铁行业的经营也受到了很大的影响，各种费用都在不断上涨。因此，C 股份有限公司在制定发展战略的时候，必须充分考虑国家的政策和整体的环境，在符合国家的宏观调控政策的前提下，调整经营策略，控制成本，提高生产效率。

4.3.3　SXZ 企业现金流质量分析

4.3.3.1　样本选取

SXZ 企业成立于 1997 年，于 1998 年在上海证券交易所挂牌交易。SXZ 企业是集铜、金、银等多种金属的探、采、选以及新能源开发与利用的大型资源型企业。SXZ 企业立足自有资源优势，利用在资本市场的融资平台，通过兼并、收购、增发等手段，不断扩大资产规模，不断提高生产能力。SXZ 企业拥有铜、铅、锌、黄金、银、锂辉石等产品，拥有充足的资源储量，其资产质量、核心竞争力和可持续发展能力均得到了很大提升。SXZ 企业又适时做出向新能源汽车行业转型的战略规划调整，在继续发展矿产资源产业的同时，以锂矿石为原材料基础，实现锂电池材料，锂电池组装，新能源汽车开发、制造和销售一体化的产业布局，打造完整的新能源汽车产业链。SXZ企业自主研发生产性能稳定的锂电池动力系统，掌握新能源汽车的电池、电机、电控三大关键领域的核心技术，力图在锂电池正负极材料、电解液、隔膜、锂电芯生产、新能源汽车高效节能电机系统研发生产以及新能源整车制造等方面实现全面突破，形成协同优势。

4.3.3.2 指标设计依据

企业在日常运营过程中，不仅要重视经济收益，更应该加强对现金流的风险管理工作。张新民、陈佩等从现金流质量、资本结构质量、资产质量和利润质量四个维度指出，企业应该不断提高管理质量和治理效率，有效规避经营风险。赵嘉颖等认为，一些企业重成本、利润、资产管理，却忽视了现金流管理，导致出现较大问题。邓旭东、吴一丁、闫骏强等指出，企业应该建立财务危机预警模型，加强现金流风险管理。面对日益变化的财务环境，李静祎等认为，在财务柔性较低的企业，现金股利支付对投资现金流敏感性的强化作用有显著依赖。夏同水、汤湘希、郭慧婷等发现，现金流预测的签发以及签发次数对企业行为有影响。曾爱民等发现，企业过度投资后的粉饰行为会引起现金流操控行为。一些学者认为，相比于应计会计盈余，经营现金流包含了更多的信息量，具有更强的解释力。徐境苡等从辽河油田资金配置政策的改进入手，提出现金流量管控方案。王晶晶、王小波等认为，费用黏性产生的条件是自由现金流，自由现金流量对企业费用黏性有影响，内部控制质量会对自由现金流和费用黏性的关系产生影响。随着会计准则的变化，理论界和实务界对于现金流量表的列报一直存在较多的争议。林玲、乔鑫、应唯等认为，企业可以通过业务模式和合同现金流量特征判断金融资产类型。

可见，理论界和实务界都十分重视现金流分析，但传统的比率计算分析只是对两个项目的对比，仅能从数量上做出分析，没有对现金流进行深入分析，没有现金流构成及内部贡献分析，很难揭示其变化的实质。

（1）经营活动产生的现金流质量分析内容。

企业经营活动是企业收入的主要来源，此项活动产生的现金净流量可以满足企业的日常发展需要。

①充足性分析。

充足性是指企业是否拥有足够的经营活动现金流量，以满足企业的正常经营和规模扩张的需要。企业经营活动产生的现金流往往受到宏观经济环境、行业特征、结算方式、信用政策和企业竞争力的影响。企业通过经营活动产生净现金流量的能力往往被视为自身的造血功能。一般而言，企业会主动寻求尽可能多的净现金流量。

②合理性分析。

现金流出和现金流入的合理性、现金流结构的合理性等，需要通过利润表以及资产负债表中各项目的期初、期末余额的变化情况进行分析和判断。不同企业的经营特点和管理方式不同，其经营现金流量内部各项流入、流出结构也有所不同。对于以销售货物或提供劳务为主的企业，其"销售商品、提供劳务收到的现金"应该成为经营现金流入，而"购买商品、接受劳务支付的现金"应该成为经营现金流出。如果"收到的其他与经营活动有关的现金"和"支付的其他与经营活动有关的现金"两项出现较快增长时，则企业应加以重视。在这种情况下，该项流出就不属于经营性质了，我们应在对经营活动现金流量充足性进行分析时，剔除其造成的干扰。

③稳定性分析。

稳定性是指各会计期间经营活动的现金流量规模是否存在严重波动，内部组成是否基本符合行业特点，是否存在异常变化。收入稳定是企业持续经营并得以发展的前提，经营活动现金流量主要来自企业自身开展的经营活动，主营业务突出、收入稳定是企业运营良好的重要标志，持续平稳的现金流量则是企业正常运营和规避风险的重要保证。

(2)投资活动产生的现金流质量分析内容。

企业会经历不同阶段的规模扩张,企业的投资活动也代表了其扩张规模的大小。因此,充裕的投资活动现金流是企业扩张的前提,可以更好地保证企业投资活动顺利进行,有效防止企业因为资金链断裂而出现各种现金流短缺问题。

①战略吻合性分析。

企业可能会在对内投资和对外投资之间进行某种战略调整,这些情况的出现往往意味着企业对经营主导型战略与投资主导型等战略进行调整,以实现盈利模式的转变。企业在进行战略吻合性分析时应结合市场环境和宏观经济环境等因素来判断企业未来的发展前景。

②盈利性分析。

第一是投资活动中现金流出的盈利性,如购建固定资产、无形资产和其他长期资产支付的现金;第二是现金流入的盈利性,如收回投资成本或残值的现金、取得投资收益时收到的现金。

(3)筹资活动产生的现金流质量分析内容。

企业经营需要资金,高质量的筹资活动现金流是企业发展的保证。企业进行筹资活动时,需要分析这种筹资活动是主动的还是被动的。如果企业面临较严峻的财务困境,则要警惕企业是否会发生更大的潜在财务风险。如果企业处于成长期,有着较好的投资机会,但由于资金缺口而不得不进行主动筹资,此时要综合分析经营活动或投资活动的投入产出关系,以此判断筹资活动是否合理,防止企业出现资金缺口而陷入资金链断裂的危机。现金流质量分析具体包括以下内容:①适应性分析,适应性是指与经营活动和投资活动现金流量周转状况的适应性;②多样性分析,即融资渠道和方式的多样性;③恰当性分析,考察企业是否存在过度融资、资金被无效占用等不良融资行为。

4.3.3.3 指标设计

(1) 经营活动现金流质量分析指标设计。

经营活动产生的现金流量是指在某一会计期间由企业自身的生产经营活动所带来的现金流入量和流出量，企业可以从现金流量充足性、合理性和稳定性等方面设计现金流量质量分析指标。

①经营活动现金流量充足性分析指标。

企业是否有足够的经营活动现金流量来满足正常的运转和规模扩张需求，可以通过计算经营活动净现金流量和核心利润等指标进行分析。

②经营活动现金流量合理性分析指标。

企业经营活动现金流入是否顺畅、现金流出是否合理及现金流入流出是否匹配、协调等，可以通过计算营业收入、营业支出、商业债权、商业债务等指标进行分析。

③经营活动现金流量稳定性分析指标。

企业各会计期间的经营活动现金流量规模是否存在剧烈波动、是否存在异常变化情况，可以通过计算销售商品及劳务的现金流入量和营业收入指标进行分析。

(2) 投资活动现金流质量分析指标设计。

①投资活动现金流量的战略吻合性分析指标。

企业可以通过对购建固定资产、无形资产和其他长期资产进行基础性投资分析，对短期收益性投资进行分析等，判断企业投资活动的现金流量与企业发展战略的吻合性。

②投资活动现金流入量的效益性分析指标。

企业要关注固定资产、无形资产和其他长期资产支付的现金与效益的关系，可以通过计算固定资产、无形资产和其他长期资产支付的现金和核心利润等指标分析投资活动的效益。

（3）筹资活动现金流质量分析指标设计。

①筹资活动现金流量的适应性分析指标。

企业可以通过计算经营活动和投资活动现金流量、筹资活动现金流量指标进行分析。

②筹资活动现金流量的多样性分析指标。

企业筹资活动主要考虑成本问题，多样性筹资要比单一性筹资的成本空间更大。企业在分析筹资多样性时，可以通过计算一定时期内不同筹资方式及筹资数量指标进行分析。

③筹资活动现金流量的恰当性分析指标。

筹资活动现金流量的恰当性分析是指，分析企业是否存在超过实际需求的过度融资。企业可以通过计算筹资活动净现金流量指标并结合企业发展规划进行分析。

4.3.3.4 实例分析

（1）经营活动现金流质量分析。

①充足性分析。

SXZ 企业 2015—2019 年经营活动净现金流量和公司核心利润见表 4-21。

表 4-21　SXZ 企业 2015—2019 年经营活动净现金流量和公司核心利润

年份	2015 年	2016 年	2017 年	2018 年	2019 年
经营活动净现金流量/万元	29 915	-16 693	6 173	11 626	-23 782
核心利润/万元	-12 037	-29 460	-14 399	-11 413	123

数据来源：根据 SXZ 企业 2015—2019 年财务报表数据整理。

从表 4-21 可以看出，2016 年和 2019 年，SXZ 企业经营活动净现金流量为负，即企业通过经营活动取得的现金流入甚至无法弥补当期现金支出的需求，现金流充足性严重不足；2015 年、2017 年和 2018 年，经营活动净现金流量为正，但 2015—2018 年 SXZ 企业核心利润均为负，从表面上看符合小于同期的经营活动净现金流量的要求。2019年，SXZ企业的核心利润虽然为正，但经营活动净现金流量仍为负，说明SXZ企业在经营活动净现金流量方面存在严重问题。本书根据表4-21得出经营活动净现金流量与核心利润差额趋势图（见图4-17）。

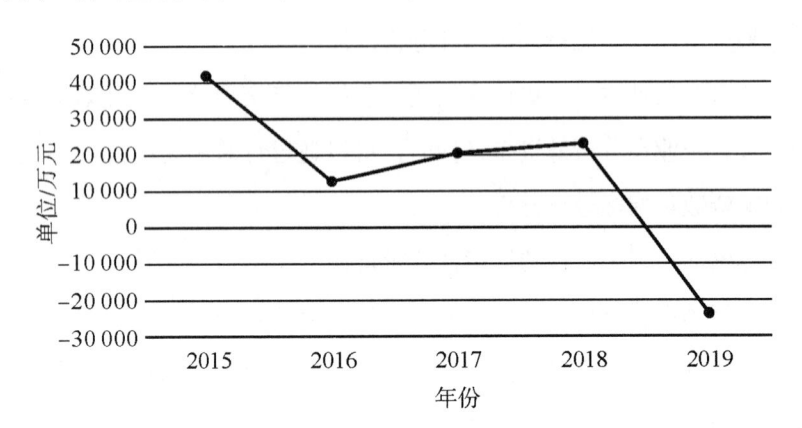

图4-17　2015—2019年SXZ企业的经营活动净现金流量和核心利润差额趋势

从图4-17中可得出，除了2019年，SXZ企业的经营活动净现金流量和核心利润差额均为正值，似乎满足了差额大于0的要求，但从实质来看，经营活动净现金流量和核心利润都出了严重问题。

②合理性分析。

营业收入是上市企业现金流入的重要来源，商业债权是影响企业营业收入的重要部分，SXZ企业2015—2019年经营活动现金流入量和商业债权计算结果见表4-22。

表4-22　SXZ企业2015—2019年经营活动现金流入量和商业债权

年份	2015年	2016年	2017年	2018年	2019年
营业收入/万元	146 803	86 391	28 701	18 290	15 284
商业债权/万元	73 052	54 862	31 015	9 371	147

数据来源：根据SXZ企业2015—2019年财务报表数据整理。

从表 4-22 中可以看出，SXZ 企业 2015—2019 年的营业收入在下降，商业债权也在下降，但要深入分析反映企业资金收回的情况，体现经营活动现金流入的顺畅性、合理性，需要计算商业债权与营业收入的比值（见图 4-18）。

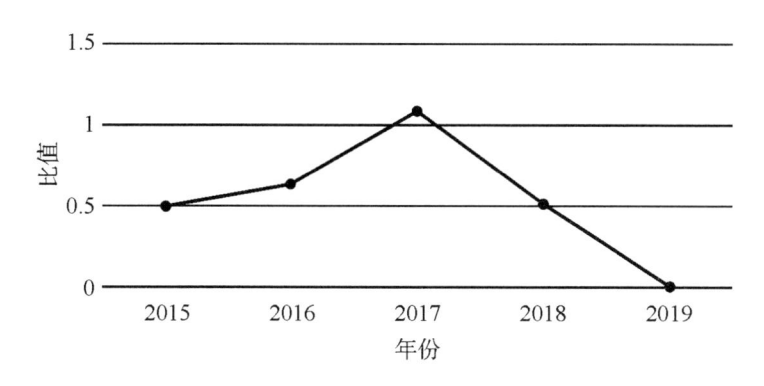

图 4-18　SXZ 企业 2015—2019 年商业债权与营业收入的比值变化

从图 4-18 中可以看到，2015—2017 年，SXZ 企业的商业债权与营业收入的比值不断上升，这说明公司回款能力下降、现金流入减少；2017—2019 年，SXZ 企业的商业债权与营业收入的比值不断下降，结合表 4-22 可以看出，SXZ 企业的营业收入总量也在下降，其营收能力出现了问题。

③稳定性分析。

SXZ 企业 2015—2019 年营业收入以及销售商品、提供劳务收到的现金如表 4-23 所示。

表 4-23　SXZ 企业 2015—2019 年营业收入以及销售商品、提供劳务收到的现金

年份	2015 年	2016 年	2017 年	2018 年	2019 年
营业收入/万元	146 803	86 391	28 701	18 290	15 284
销售商品、提供劳务收到的现金/万元	105 536	74 847	25 458	10 881	65

数据来源：根据 SXZ 企业 2015—2019 年财务报表数据整理。

从表4-23可以看出，SXZ企业2015—2019年营业收入以及销售商品、提供劳务收到的现金均呈下降趋势，现金流入量稳定性不足，其销售商品、提供劳务收到的现金与营业收入的比值见图4-19。

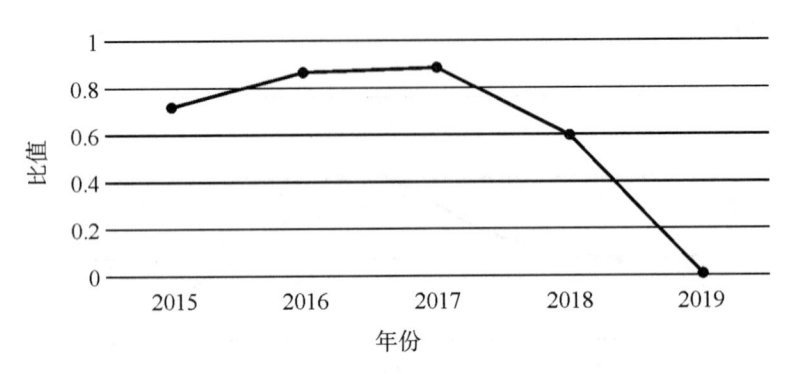

图4-19 SXZ企业2015—2019年销售商品、提供劳务收到的现金与营业收入的比值

从图4-19可以看出，2015—2107年SXZ企业销售商品、提供劳务收到的现金与营业收入的比值是上升的，销售商品、提供劳务收到的现金的稳定性较好；2017—2019年这一比值又快速下降，可见SXZ企业销售商品、提供劳务收到的现金稳定性变差。

（2）投资活动现金流质量分析。

①战略吻合性分析。

SXZ企业2015—2019年购建固定资产、无形资产以及其他长期资产所支付的现金见表4-24。

表4-24 SXZ企业2015—2019年购建固定资产、无形资产以及其他长期资产所收到的现金

年份	2015年	2016年	2017年	2018年	2019年
购建固定资产、无形资产以及其他长期资产所支付的现金/万元	5 026	6 146	168	61	1 469 8

表4-24(续)

年份	2015年	2016年	2017年	2018年	2019年
处置固定资产、无形资产以及其他长期资产所收到的现金/万元	374	661	28	212	106

数据来源：根据SXZ企业2015—2019年财务报表数据整理。

从表4-24中可以看出，2015—2017年SXZ企业在"购建固定资产、无形资产以及其他长期资产所支付的现金"远大于"处置固定资产、无形资产以及其他长期资产所收到的现金"；SXZ企业在这一阶段实行扩张战略，试图通过扩张战略改变企业盈利和现金流情况；2018—2019年的情况正好相反，但投资和处置数额较小且产生不了明显效果。

SXZ企业2015—2019年控制性投资总规模和控制性投资撬动资金见表4-25。

表4-25 SXZ企业2015—2019年控制性投资总规模和控制性投资撬动资金

年份	2015年	2016年	2017年	2018年	2019年
控制性投资总规模/万元	287 761	183 498	178 429	123 351	122 027
控制性投资撬动资金/万元	499 465	381 950	290 981	211 548	195 168

数据来源：根据SXZ企业2015—2019年财务报表数据整理。

通过对表4-25两组数据进行对比分析，我们可以得出SXZ企业的对外控制性投资规模在下降，对外投资也在收缩，但控制性投资撬动的投资规模增大，对外投资起到了一定的杠杆效应，具体的杠杆效应见图4-20。

从图4-20中可看到，SXZ企业2015—2019年控制性投资撬动的投资规模杠杆系数均高于1.5，尤其是2015—2016年上升较快，但2016—2019年较快下降，这和SXZ企业对内投资走势相互呼应。

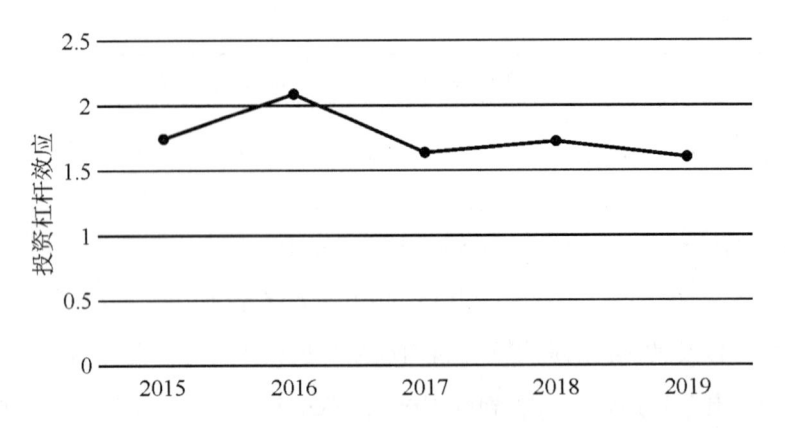

图 4-20　SXZ 企业 2015—2019 年控制性投资撬动的投资规模杠杆效应

②效益性分析。

SXZ 企业 2015—2019 年购建固定资产、无形资产以及其他长期资产所支付的现金和核心利润见表 4-26。

表 4-26　SXZ 企业 2015—2019 年购建固定资产、无形资产

以及其他长期资产所支付的现金和核心利润

年份	2015 年	2016 年	2017 年	2018 年	2019 年
购建固定资产、无形资产以及其他长期资产所支付的现金/万元	5 026	6 146	168	61	1 469.8
核心利润/万元	-12 037	-29 460	-14 399	-11 413	123

数据来源：根据 SXZ 企业 2015—2019 年财务报表数据整理。

从表 4-26 中可看到，SXZ 企业的核心利润 2015—2018 年连续为负，尤其是 2016 年比 2015 年多投资 1 000 多万元、已累计投资超过 1 亿元，2016 年核心利润却比 2015 年减少更多，说明该公司的投资在短期内盈利能力不强、效益较差。

(3) 筹资活动现金流质量分析。

①适应性分析。

SXZ 企业 2015—2019 年经营活动净现金流量、投资活动和筹资活动产

生的净现金流量见表4-27。

表4-27　SXZ企业2015—2019年经营活动、投资活动和筹资活动产生的净现金流量

年份	2015年	2016年	2017年	2018年	2019年
经营活动产生的净现金流量/万元	29 915	−16 693	6 173	11 626	−23 782
投资活动产生的净现金流量/万元	5 937	55 640	3 772	1 352	7 905
筹资活动产生的净现金流量/万元	−19 970	−41 190	−18 830	−26 750	−7 619

数据来源：根据SXZ企业2015—2019年财务报表数据整理。

从表4-27中可以看出，SXZ企业2016年、2019年经营活动净现金流量和投资活动净现金流量合计为负，说明SXZ企业需要外来现金满足经营与投资需求，可是筹资活动净现金流量不仅没有补上这个负的差额，反而加大了这个差额；2015年、2017年和2018年经营活动净现金流量和投资活动净现金流量合计为正。从逻辑上讲，SXZ企业可以不筹资或少筹资，但实际上对应的筹资净现金流量存在较大缺口。这说明SXZ企业以前的筹资负担较大，所以SXZ企业2015—2019年筹资活动现金流量没有良好的适应性。

②多样性分析。

SXZ企业2015—2019年各种筹资方式现金流情况见表4-28。

表4-28　SXZ企业2015—2019年各种筹资方式现金流量情况

年份	2015年	2016年	2017年	2018年	2019年
吸收投资现金流入量/万元	5 200	0	0	0	0
借款现金流入量/万元	56 440	152 600	16 330	0	0
其他筹资现金流入量/万元	15 000	17 360	146.2	6 044	800

数据来源：根据SXZ企业2015—2019年财务报表数据整理。

从表 4-28 可以看出，SXZ 企业 2015—2019 年最主要的筹资方式是银行借款。其中，2015 年和 2016 年累计借款近 21 亿元，企业财务风险等压力较大，这也是表 4-27 中筹资活动产生的净现金流量一直为负的原因。SXZ 企业的其他筹资方式的占比不高，筹资结构不合理。

③恰当性分析。

可以看出，SXZ 企业 2015—2019 年没有融资闲置依据，资金都满足不了企业基本发展需求，不存在过度筹资情况。从 2015—2019 年的情况来看，SXZ 企业的筹资活动没有满足经营和投资的需求，筹资恰当性不足。

4.3.3.5 存在问题

一般情况下，定量分析某公司现金流质量后，还要计算或找出该公司所在行业相应指标的均值或中间值进行对比，找出问题并提出解决措施。SXZ 企业在定量分析中已发现如下问题：

（1）经营活动现金流质量问题。

SXZ 企业经营活动净现金流量在 2016 年和 2019 年没有满足大于 0 的要求但对应的核心利润均为负值，且经营活动净现金流量和核心利润发展趋势不利，资金充足性存在严重问题。2015—2017 年，SXZ 企业的商业债权占比上升，2017—2019 年，SXZ 企业的商业债权占比下降且下降幅度较大，但营业收入也大幅下降，营收能力不断下降致使经营活动现金流量合理性出现了问题；2015—2019 年，SXZ 企业营业收入和销售商品及劳务的现金流入量均呈下降趋势，现金流入量稳定性不足，尤其是 2017 年至 2019 年快速下降，销售商品及劳务的现金流入量稳定性变差。这是因为 SXZ 企业采取了扩张战略，如较快速扩大新能源汽车制造业务、融资租赁业务快速扩张业务需要有足够的资金支持，然而 SXZ 企业的营业收入近五年来呈下降趋势。

（2）投资活动现金流质量问题。

SXZ 企业对内、对外投资在战略吻合性方面较好，这与 SXZ 企业实际的经营战略相符。SXZ 企业从 2014 年开始通过业务扩张，如新能源汽车制造业务、融资租赁业务等提高营业收入。在效益方面，SXZ 企业 2014—2018 年的核心利润均为负，虽然 2019 年 SXZ 企业的核心利润为正，但其数额太小且难以产生明显效果。这说明 SXZ 企业的盈利能力不强、效益较差，至少在目前来看企业的投资战略有问题。

（3）筹资活动现金流质量问题。

SXZ 企业 2016 年、2019 年经营活动净现金流量和投资活动净现金流量合计为负，筹资活动净现金流量不仅没有补上这个负的差额，而且加大了这个差额，2015—2019 年，SXZ 企业筹资活动现金流量没有良好的适应性。SXZ 企业最主要的筹资方式是银行借款，筹资方式比较单一、结构不合理且缺乏多样性。其中，2015 年和 2016 年借款累计近 21 亿元，企业财务风险等压力较大，且未能及时、足额地筹集相应数量的现金。SXZ 企业 2015—2019 年没有融资闲置依据，不存在过度筹资情况。

4.3.3.6 建议

（1）提高经营活动现金流质量。

SXZ 企业 2015—2019 年经营活动产生的净现金流量波动过大，说明存在较大的经营风险。因此，SXZ 企业必须提高现金流质量来保障经营活动净现金流量的充足性、合理性和稳定性：一是要选择有市场需求的产品及服务业务（无论是原有还是新拓展的业务），这样能确保销路，减少存货积压和加快回款；二是提高各类技术和管理人员的能力，如提高销售人员销售能力、提高财务人员资金管理能力、减少资金缺口和预算失误等；三是提高资金利用效率，加强成本费用的控制，提升核心利润水平。

（2）提高投资活动现金流质量。

SXZ 企业在抓好投资现金流量战略吻合性的同时，应提高公司投资现金流量的效益：一是要谨慎选择投资对象，主要从投资风险和获利能力两方面去分析投资对象；二是要防止过度投资导致资金链断裂；三是要完善投资计划，做到事前评估，事后监督。

（3）提高筹资活动现金流质量。

SXZ企业要处理好筹资活动现金流量质量的适应性、多样性和恰当性：一是提高财务预算的预判能力，适时适量筹资、减少运营资金需求缺口；二是拓宽融资渠道，增加股权筹资，如增加员工持股和投入资本筹资等；三是控制筹资规模，防止过度筹资。

总之，本书通过对三个资源型企业进行资本结构质量、利润质量和现金流量质量分析，发现它们在不同方面都存在财务危机，而且这些危机在传统的偿债能力、盈利能力等分析中较难发现。

5 资源型企业财务危机预警

5.1 财务危机预警模型

5.1.1 因子分析模型

因子分析通过降维的方式将数量冗余的变量综合为少数几个因子，变量与因子之间的相互关系可以用线性函数表示。可观测的显在变量是原始的变量；不可观测的潜在变量是假想变量，被称为因子。评价指标过多不仅会增加工作量，而且会因评价指标间的相互关联性造成评价信息相互重叠，从而难以客观地反映企业的经营实况。因此，如何用少数几个彼此不相关的新指标代替原来较多的彼此有一定关联性的指标，同时又能尽可能多地反映原来指标的信息量，成为财务评价中一个具有现实意义的问题。

5.1.2 Logistic 回归分析模型

Logistic 回归分析是一种非线性分类的统计方法，它无须假定任何概率分布，也不要求等协方差，适用于因变量中存在定性指标的问题。同时，Logistic 回归分析模型采用最大似然估计法进行参数估计，不要求样本数据呈正态分布。Logistic 回归分析法应用性较强的原因在于：第一，没有严格的假设条件，对原始变量数据的分布状况不做要求，这是多元判别法等所不具备的；第二，对于两类总体判别问题，即因变量为"0-1"变量具有较好的区分效果；第三，结果准确率相对较高，具有较强的实用性。

5.1.3 Z值预警模型

财务比率分析中的Z值分析法又称"Z记分法"，是一种预测企业财务危机的多变模式。20世纪60年代中期，最初的"Z记分法"是由美国学者爱德华·阿尔曼提出来的。

5.1.4 其他的财务危机预警模型

其他的财务危机预警模型还包括：F分数模型，Y分数预测模型，近年兴起的人工神经网络模型，基于灾害、混沌理论的预测模型等。

5.2 财务危机预警分析

资源型企业是工业经济的重要支撑企业，同时也是国民经济发展的重要力量。然而，近几年因财务状况异常而被特别处理或者发生财务危机的资源型企业越来越多，财务危机预警在预测企业财务状况方面发挥了重要的作用。本书以SXZ企业、W稀土股份有限公司、C股份有限公司为研究对象，分别从业绩分析和Z值分析两个方面对其进行财务危机预警研究。

5.2.1 业绩分析

5.2.1.1 SXZ企业的业绩分析

本书选取SXZ企业2016—2020年业绩预警情况，对SXZ企业这5年的业绩情况进行分析。表5-1是SXZ企业2016—2020年的预告净利润与实际净利润。SXZ 企业 2016—2020 年预告净利润与实际净利润趋势如图 5-1 所示。

表 5-1 SXZ 企业 2016—2020 年的预告净利润与实际净利润

年份	2016 年	2017 年	2018 年	2019 年	2020 年
预告净利润/万元	2 000	-3 700	2 000	-5 365	-4 000
实际净利润/万元	1 000	-4 200	800	-8 047	-10 500

数据来源：根据 SXZ 企业 2016—2020 年财务报表数据整理。

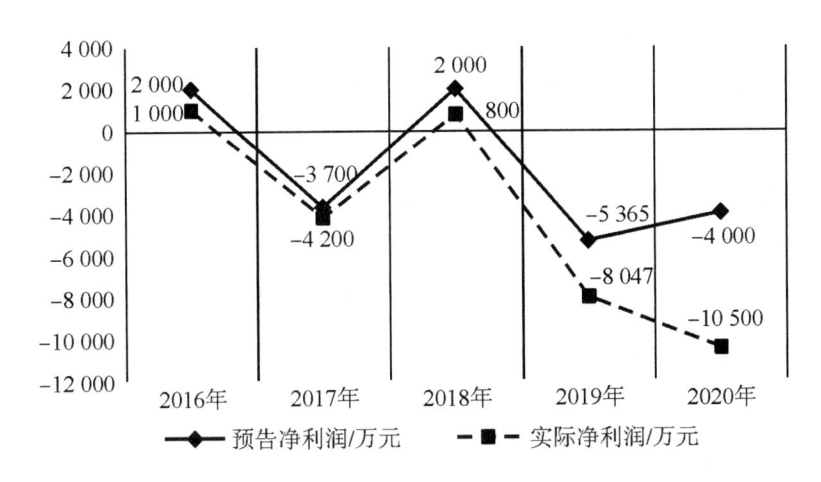

图 5-1 SXZ 企业 2016—2020 年预告净利润与实际净利润趋势

从表 5-1 和图 5-1 可以明显看出，SXZ 企业 2016—2020 年总的业绩情况呈波动下降的趋势，实际净利润比预告净利润少，实际发生的亏损比预告发生亏损更多，经营业绩比较差。

SXZ 企业 2016 年第三季度的业绩预告，预测 2016 年三季度首亏，预测内容为：为应对国家政策变化对公司新能源板块的影响，宇量电池及恒通客车积极采取措施，以满足国家对新能源客车的要求，但还需要一定的时间及资金投入，将对公司生产经营产生不利影响，而预计有色金属产业短期内仍将处于底部运行，加之计提对交融租赁原股东的业绩补偿款，预计下一报告期预计公司的累计净利润可能为亏损。

SXZ 企业 2017 年第三季度的业绩预告，预测 2017 年三季度继续亏损，预测内容为：自 2017 年 5 月以来，借助恢复新能源汽车推广目录申报资质以来，多款新能源车型均被恒通客车积极申报，新能源客车的生产、销售正逐步恢复中，但还需要一定时间，加之计提对交通租赁原股东的业绩补偿款，预计年初至下一报告期末公司的累计净利润可能为亏损。

SXZ 企业 2018 年的业绩预告的内容为：受国家新能源政策调整及行政处罚等事件的影响，恒通客车产销量大幅下降，经营状况持续恶化，短期内无法恢复生产和销售，预计年初至下一报告期末公司的累计净利润可能为亏损。报告期内，公司已将持有的恒通客车 66% 股权、恒通电动 66% 股权进行了处置，若在下一报告期内能顺利完成工商过户，将实现约 5 239.60 万元的投资收益，实现扭亏为盈。

SXZ 企业 2019 年第三季度的业绩报告，预测 2019 年三季度继续亏损，预测内容为：鉴于公司向金融机构申请的融资出现逾期，尚未归还，公司拟按照相关规定计提违约金及罚息，预计可能将导致年初至下一报告期末公司的累计净利润为亏损。

SXZ 企业 2020 年第三季度的业绩预告，预测 2020 年三季度继续亏损，预测内容为：预计可能将导致年初至下一报告期末公司的累计净利润为亏损。业绩变动原因是：鉴于公司向金融机构申请的融资出现逾期，尚未归还，公司拟按照相关规定继续计提违约金及罚息，预计可能将导致年初至下一报告期末公司的累计净利润为亏损。

5.2.1.2 W 稀土股份有限公司的业绩分析

本书选取 W 稀土股份有限公司 2016—2020 年的业绩预警情况，对这 5 年间其业绩情况进行分析。W 稀土股份有限公司 2016—2020 年的预告净利润、实际净利润如表 5-2 所示。

表5-2　W稀土股份有限公司2016—2020年的预告净利润、实际净利润

年份	2016年	2017年	2018年	2019年	2020年
预告净利润/万元	3 500	3 000	6 600	10 800	17 500
实际净利润/万元	1 300	4 000	7 000	9 500	14 000

数据来源：根据W稀土股份有限公司2016—2020年财务报表数据整理。

由表5-2可以得出W稀土股份有限公司2016—2020年的业绩预警趋势图，如图5-2所示。

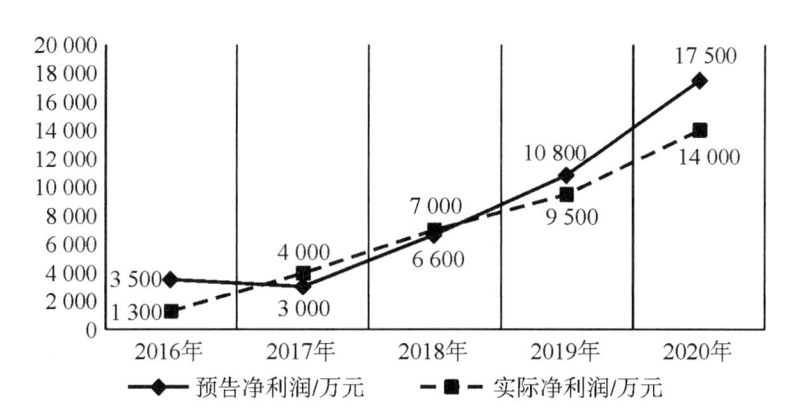

图5-2　W稀土股份有限公司2016—2020年业绩预警趋势

从表5-2和图5-2可以明显看出，W稀土股份有限公司2016—2020年的预告净利润和实际净利润都呈现上升的趋势，且2016—2020年的净利润都是正值，企业没有出现亏损状况。虽然2017年以后实际净利润没有达到预告净利润的期待值，但是总体来说W稀土股份有限公司的业绩情况是比较良好的。

W稀土股份有限公司2016年第三季度的业绩预告，预测2016年三季度继续亏损，预测内容为：业绩预告期间，2016年1月1日至2016年9月30日，预计的业绩亏损，归属于上市公司股东的净利润亏损4 000万元至4 600万元。本报告期业绩预计数出现亏损的原因是：本期稀土行业持续低迷，营业收入大幅下降，另所属稀土分离子企业同比停产月份较多，导致计入管理费用的停工损失同比上升。

W稀土股份有限公司2017年第三季度的业绩预告，预测2017年三季度扭亏，预测内容为：业绩预告期间为2017年1月1日至2017年9月30日。预计2017年1至9月业绩变动情况为：扭亏为盈；归属于上市公司股东的净利润为3 000万至4 000万元。业绩变动原因说明：一是报告期内，随着国家供给侧结构性改革的不断深入和稀土行业专项整治行动持续开展，打击稀土违法违规行为正逐步形成常态化机制；受上述因素影响，部分稀土产品价格较年初有一定幅度的增长。二是子公司定南大华新材料资源有限公司取得税收返还奖励款1 500万元。

W稀土股份有限公司2018年第三季度的业绩预告，预测2018年三季度预增，预测内容为：业绩预告期间为2018年1月1日至2018年9月30日。预计的业绩：归属于上市公司股东的净利润为7 800万至8 200万元，比上年同期增长110.91%~121.73%。业绩变动原因说明：本报告期业绩提高的主要原因系公司根据市场变化情况，适时调整销售策略，部分适销产品销量同比增加，同时子公司取得的政府补助也使公司的利润增加。

W稀土股份有限公司2019年一季度的业绩预告，预测2019年一季度预减，预测内容为：业绩预告期间为2019年1月1日至2019年3月31日。归属于上市公司股东的净利润为1 000万至1 400万元，较上年同期变动幅度为：-63.21%~-48.5%。业绩变动原因说明：报告期内，公司根据经营策略调整了产品销售结构，扩大了稀土氧化物的贸易规模，并开展了稀土金属的运营业务。受原料供应、市场需求等因素影响，部分产品价格较上年同期有所下降，公司产品销售毛利润较去年同期相应降低，同时部分产品计提了存货跌价准备较去年同期增加，亦对利润产生影响。

W稀土股份有限公司2020年第三季度业绩预告，预测2020年三季度预增，预测内容为业绩预告期间为2020年1月1日至2020年9月30日，预计的业绩为实现盈利13 200万至13 600万元，比上年同期增长114.52%~121.02%。2020年1月至9月业绩预计与上年同期公告数同向上升的主要原因是,赣县红金稀土有限公司累计收到搬迁补偿款及搬迁奖励共计15 463.46万元,该公司是其所属分离企业。报告期内,公司按搬迁清算进度确认资产处置收益约7 281万元,确认营业外收入约2 540万元。此外,公司主营商品销售毛利同比上升以及搬迁清算存货盘盈,亦促进了本期业绩增加。报告期内预计非经常性损益对净利润的影响金额约为11 000万元。2020年7月至9月业绩预计与上年同期公告数同比下降的主要原因:部分稀土商品销售价格下跌,公司相关商品出现减值导致公司计提了存货跌价准备较上年同期增加。

5.2.1.3 C股份有限公司的业绩分析

本书选取C股份有限公司2016—2020年的业绩预警情况,对这5年期间C股份有限公司的业绩情况进行分析,整理数据如表5-3所示。

表5-3 C股份有限公司的预告净利润、实际净利润

年份	2016年	2017年	2018年	2019年	2020年
预告净利润/万元	20 606	15 357.47	54 000	34 030	15 000
实际净利润/万元	10 303	10 969.62	47 000	30 936	11 000

数据来源:根据C股份有限公司2016—2020年财务报表数据整理。

由表5-3的数据,我们可以画出C股份有限公司2016—2020年业绩预警趋势图(见图5-3)。

由表5-3和图5-3可以明显看出,2016—2020年C股份有限公司的净利润都是正值,没有出现亏损,但是这5年期间每一年的预告净利润都高于实际净利润。虽然从2018年开始其净利润逐渐下降,但是总体来说,C股份有限公司与其他资源型企业相比较而言,整体的业绩情况是较好的。

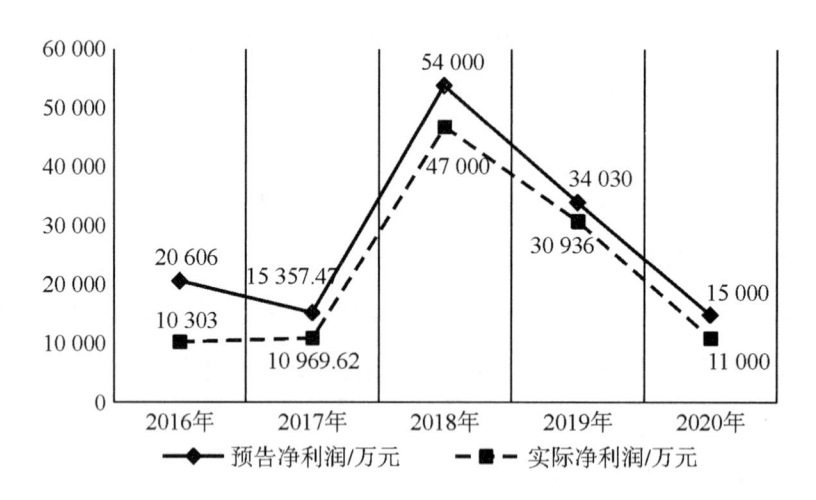

图 5-3 C 股份有限公司 2016—2020 年业绩预警趋势

C 股份有限公司 2016 年第三季度报告,预测 2016 年年度略减,预测内容为:归属于上市公司股东的净利润为正值且不属于扭亏为盈的情形;2016 年度归属于上市公司股东的净利润变动幅度为−50.00%~0;2016 年度归属于上市公司股东的净利润变动区间为:10 303 万元至 20 606 万元;业绩变动的原因说明:受经济下行及国际油价下降的持续影响,石油采掘行业和电站锅炉行业的发展速度减缓,下游市场需求减少的趋势在短期不会快速转变,对公司 2016 年全年的经营业绩产生一定影响。

C 股份有限公司 2017 年三季度报告,预测 2017 年年度略增,预测内容为:2017 年度归属于上市公司股东的净利润变动幅度为 0~40.00%;2017 年度归属于上市公司股东的净利润变动区间为 10 969.62 万元至 15 357.47万元;业绩变动的原因说明:能源管材行业供需矛盾阶段性缓和,部分区域市场需求回暖,预计公司全年经营业绩将实现一定幅度增长。同时,公司发行股份购买资产事宜预计将于 2017 年四季度实施完毕。

C 股份有限公司 2018 年第三季度报告,预测 2018 年度略增,预测内容为:2018 年度归属于上市公司股东的净利润变动幅度为 227.00%~276.00%;2018 年度归属于上市公司股东的净利润变动区间为 47 000 万元至 54 000 万元。业绩变动的原因说明：公司经营层根据市场情况实施了正确的品牌及产品战略。

C 股份有限公司 2019 年半年度业绩预告，预测 2019 年半年度略增，预测内容为：业绩预告期间为 2019 年 1 月 1 日至 2019 年 6 月 30 日。归属于上市公司股东的净利润为 30 936 万元至 34 030 万元，较上年同期变动幅度为 50%~65%。业绩变动原因说明：报告期内，公司经营业绩较去年同期实现较大幅度的增长，主要原因为公司能源管材板块受行业市场需求回暖持续影响，产销情况保持增长，加上管理层采取有效经营措施，公司经营情况持续稳定向好。

5.2.2 Z 值分析

在 Z 值预警模型中，当目标企业的 Z 值被测定为大于 2.90 时，说明企业的财务状况良好；当 Z 值小于 1.23 时，说明财务失败的征兆在企业已经出现；当 Z 值处于 1.23 与 2.90 之间时，此区间称为灰色地带，Z 模型将反映企业获利能力的指标 $X2$ 和 $X3$、企业偿债能力的指标 $X1$ 和 $X4$ 以及反映企业营运能力的指标 $X5$ 有机地联系起来，通过综合分值来预测企业财务失败或破产的可能性。Z 值越低，表明企业越有可能发生破产。

5.2.2.1 SXZ 企业的 Z 值分析

本书通过选取 SXZ 企业 2016—2020 年的财务数据，计算出 SXZ 企业 2016—2020 年的 Z 值以及判别函数值，来判断 SXZ 企业是否存在财务危机的征兆（见表 5-4）。

表 5-4 SXZ 企业 2016—2020 年 Z 值及相关指标值

年份	2016 年	2017 年	2018 年	2019 年	2020 年
Z 值	1.225 9	0.219 6	0.499 4	0.428 4	-0.084 6
$X1$(营运资本/总资产)/%	8.304 2	-0.333 5	14.636 9	7.846	-13.771 4
$X2$(留存收益/总资产)/%	-0.419 3	-12.656 3	-17.776 2	-21.696 8	-30.121 9

表5-4(续)

年份	2016年	2017年	2018年	2019年	2020年
X_3(息税前利润/总资产)/%	-0.101 8	-11.894 5	1.597	-0.019 7	-4.293 7
X_4(当日总市值/负债合计)/%	165.560 6	122.539 1	77.942 9	98.555 7	99.454 7
X_4'(股东权益合计/负债总计)/%	35.908 4	22.498 6	35.944 6	36.771 2	29.209 2
X_5(营业收入/总资产)/%	14.221 8	5.814 6	5.228 7	4.740 7	4.741 6

数据来源：根据SXZ企业2016—2020年财务报表数据整理。

由表5-4可以得出SXZ企业2016—2020年Z值分值在这5年期间的趋势图，如图5-4所示。

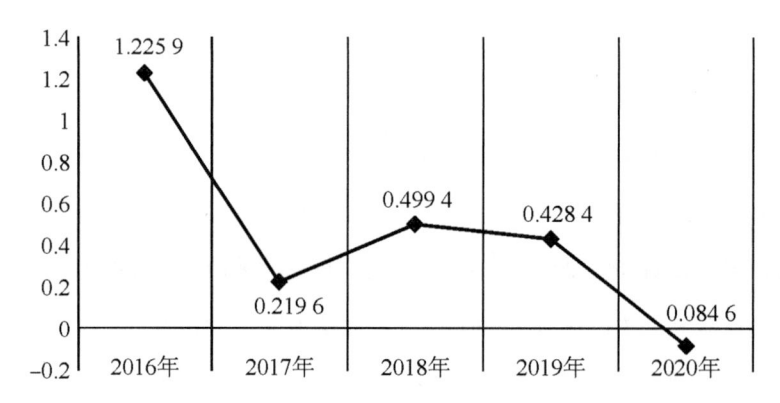

图5-4 SXZ企业2016—2020年的Z值趋势

从表5-4和图5-4可以看出，SXZ企业在2016—2020年的Z值分数是非常不稳定的，波动十分大，有一个波动下降的趋势。Z值大于2.9时被认定为企业财务状况良好；Z值小于1.23时，说明企业出现财务失败征兆，在两者之间认为处于灰色地带，财务状况极其不稳定。从表5-4中可以看出，SXZ企业的Z值分数最大的一年都没有超过1.23，2020年甚至变为负值，这就说明SXZ企业的财务状况不仅不稳定，还有可能出现财务危机。

5.2.2.2 W稀土股份有限公司的Z值分析

本书选取W稀土股份有限公司2016—2020年的财务数据，计算出W稀土股份有限公司的Z值以及判别函数值，来判断W稀土股份有限公司是否存在财务危机的征兆，如表5-5所示。

表 5-5　W 稀土 16—20 年 Z 值及相关指标值

年份	2016 年	2017 年	2018 年	2019 年	2020 年
Z 值	63.972 3	96.553	28.556 7	18.370 1	15.837 8
$X1$（营运资本/总资产）/%	70.460 8	73.355 3	72.148 1	67.192 5	66.728 7
$X2$（留存收益/总资产）/%	10.866	12.284 9	15.492 1	16.480 6	22.212 9
$X3$（息税前利润/总资产）/%	3.032 9	1.823	5.534 3	3.889 6	10.106 4
$X4$（当日总市值/负债合计）/%	10 444.87	15 851.97	4 483.92	2 768.28	2 310.68
$X4'$（股东权益合计/负债总计）/%	1 811.11	2 739.95	1 201.01	502.26	441.186 4
$X5$（营业收入/总资产）/%	20.549 6	32.905 8	38.822 3	59.561 5	52.899 6

数据来源：根据 W 稀土股份有限公司 2016—2020 年财务报表数据整理。

由表 5-5 可以得出，W 稀土股份有限公司 2016—2020 年 Z 值分数在这 5 年期间的趋势图，如图 5-5 所示。

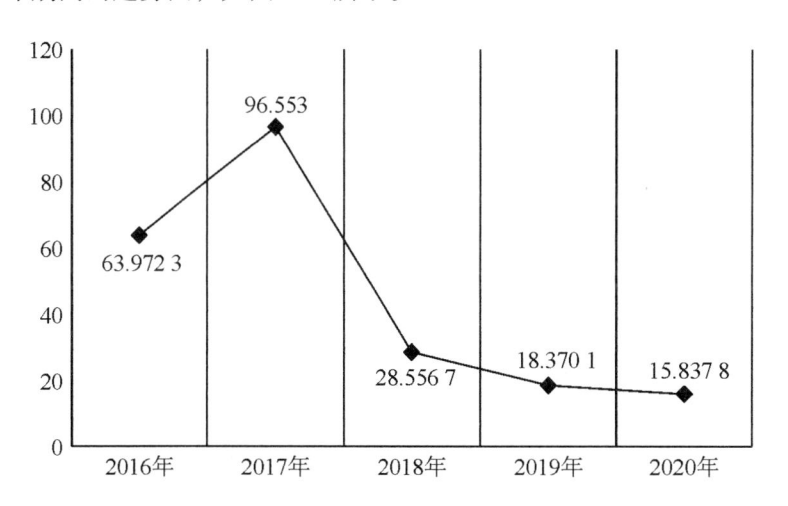

图 5-5　W 稀土股份有限公司 2016—2020 年的 Z 值趋势

从表 5-5 和图 5-5 可以看出，W 稀土股份有限公司的 Z 值总体呈现出波动下降的趋势，但是整体数值都大于 2.9，说明 W 稀土股份有限公司的财务状况是十分良好的，没有出现财务危机的征兆。从 $X1$ 和 $X4$ 可以看出，W 稀土股份有限公司的偿债能力是非常强的，企业的资本很少依靠负债，但是近两年有逐渐增加负债的趋势，获利能力和营运能力也已得到提高。

5.2.2.3 C 股份有限公司的 Z 值分析

本书选取 C 股份有限公司 2016—2020 年的财务数据，计算出 C 股份有限公司这 5 年的 Z 值以及判别函数值，来判断 C 股份有限公司是否存在财务危机的征兆，如表 5-6 所示。

表 5-6　C 股份有限公司 2016—2020 年 Z 值及相关指标值

年份	2016 年	2017 年	2018 年	2019 年	2020 年
Z 值	5.824	3.199 3	3.147 4	3.724 4	2.472 9
X_1（营运资本/总资产）/%	47.875 7	25.273 6	25.374 6	26.744	20.940 6
X_2（留存收益/总资产）/%	37.909 7	21.734 7	25.194 4	30.743 4	30.547
X_3（息税前利润/总资产）/%	3.332 1	2.973 8	9.468 4	11.272 9	2.277 6
X_4（当日总市值/负债合计）/%	674.76	313.15	223.58	304.93	191.18
X_4'（股东权益合计/负债总计）/%	403.97	230.49	225.17	267.22	212.46
X_5（营业收入/总资产）/%	56.07	61.52	83.7	77.22	57.22

数据来源：根据 C 股份有限公司 2016—2020 年财务报表数据整理。

由表 5-6 可以得出 C 股份有限公司 2016—2020 年 Z 值分数在这 5 年期间的趋势图，如图 5-6 所示。

从表 5-6 和图 5-6 可以看出，C 股份有限公司 2016—2020 年的 Z 值整体呈现出波动下降的趋势，2020 年之前，Z 值都是大于 2.9 的，但是在 2020 年 Z 值的数值小于 2.9，处于 1.23 至 2.9 之间的灰色地带，表明 C 股份有限公司在 2020 年时出现了财务状况不稳定的情况。从 X_1 和 X_4 的数值也可以看出，C 股份有限公司的偿债能力呈现出逐渐下降的趋势，X_2 和 X_3 反映出企业的获利能力不太稳定，X_5 也反映出企业的营运能力不太稳定，企业在 2020 年出现了财务危机的征兆。

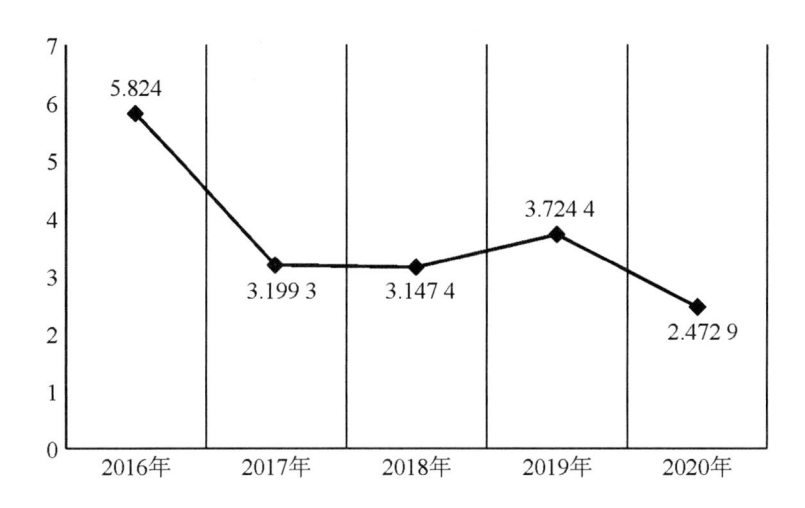

图 5-6　C 股份有限公司 2016—2020 年 Z 值趋势

总之，本书通过业绩分析和 Z 值分析两个方面对三个样本企业进行财务预警研究，较好地识别它们在研究期间的财务危机情况，并可对未来的趋势进行预判。

6 资源型企业财务危机的治理

6.1 资源型企业治理结构

6.1.1 股东大会

在股份制企业的组织机构中,被赋予企业最高地位的机构是由股东组成的股东大会,股东治理的作用也主要通过年度股东大会或股东特别会议得以发挥。在这些会议上,股东对企业的经营决策、投资计划、债务发行、兼并等重大决策进行表决。同时,股东也参与董事会和监事会的选举,并有权检查和审批董事会和监事会做出的年度报告、红利政策和下年度的预算等。股东可以通过两种方式对企业的活动施加影响,即"用脚投票"和"用手投票"。股东通过股东大会对企业的活动产生影响即"用手投票";股东将资金转向其他投资项目而抛售所持股票即"用脚投票"。在现实中,持有较大比例股份的大股东和以基金、保险企业、银行、其他法人等为代表的机构股东较多地采用"用手投票"的方式。因为这些机构具有较大的表决权,能通过在董事会中获取席位对企业的重大经营策略进行监督,促使企业向良好的趋势发展,以获取更多的收益。因此,股东可能从企业的长远利益出发,对企业价值产生积极的影响。当然,股东也可能会通过"用脚投票"的方式对企业的活动施加影响。当这些股东持股比例不够大,所获得的表决权对企业的经营决策没有足够大的影响力,而投资到另外的项目可获得更大收益时,股东将可能选择"用脚投票"。所以,适当的股权集中度可以维持主要股东持股的长期稳定性,促使这类股东通过股东大会的事前治理减少股东"用脚投票"的行为,防止因企业控制权的争夺而导致企业价值的下跌,避免企业陷入危机,并通过对经理层的监督减少其"短期寻租"行为。但是大股东和机构投资者对企业的价值也有负面影响。大股东可能为了私人利益而损害中小股东的利益,较分散机构投资者的投资决策会影响其对企业经营的关注程度,并且其"短视行为"的存在意味着机构投资者并不关注企业的成长性,而以追求短期利益为目标。

6.1.2 董事会

董事会是企业治理结构的核心,由股东大会选出的董事组成。在企业的治理与管理主体中,企业股东与经理人之间的联结依靠董事会,董事会对企业经营发展的决定性作用是由这一特殊地位决定的。董事会将一部分经营决策权与控制权授予经理人,但保持对经营行为的最终控制权。而董事会的这种最终控制权的正确行使又受到诸如董事会构成、董事持股情况、董事会本身的激励与约束机制等因素的影响。首先,董事会构成的合理与否,直接关系到董事会的内部制衡与执行效率。企业董事按其从业状况,可以分为内部董事和外部董事。内部董事一般是指持有企业一定比例股份或直接由股东派出的董事,外部董事一般是指不持股或持股比例很低,非股东派出的、不是企业的现任或前任职工,有其他咨询雇佣关系、不收受董事薪酬外的其他直接或间接报酬,与企业管理层无经济和亲属关系的企业外部董事。外部董事在企业治理中主要起到监督与战略管理的作用,董事会构成中包含一定比例的外部董事,外部董事能在一定程度上保证董事会根据企业的主要受益人即委托人的利益行事及提高其执行效率。其次,董事会成员持股合理与否,将对董事会正确行使最终控制权产生影响。其一,董事是否持股,将影响其执行效率,进而影响经理层的执行效率,其结果是影响企业的经营效率与业绩。如果董事持股,则其执行高效率的可能性就比较大,因为其效率高低将影响其持股带来的收益多少;如果董事没有持股,而又没有其他与其执行效率挂钩的奖罚措施,则其执行低效率可能性就非常大。其二,董事是否持股,将影响其执行结果的方向。董事可能为了自身利益,导致其执行结果偏离企业主要利益相关者的利益预期,将对企业的发展产生不良影响;如果董事没有持股,则会遵循其职责行事,执行结果也不会偏离企业主要利益相关者的预期。最后,董事会本身的激励与约束机制健全与否,也将对董事会最终控制权的正确行使产生影响。股东与董事之间是一种委托代理关系,企业必须对董事采取一定的激励和约束措施,才能促使其合理地或尽可能地以维护委托人利益为出发点来行使其权力,并承担相应的义务,促进企业向着更好的方向发展。如果没有完善董事会的激励与约束机制,再加上理性人假设,企业的发展方向与经营活动可能一开始就偏离了股东的根本利益,而偏向了董事会的自身利益,甚至会损害其他利益相关者的利益。

6.1.3 经理层

经理层是由董事会聘用并对董事会负责的企业经营者。经理层负责组织实施董事会的各项决议、经营计划和投资决策等。经理层对企业的经营业绩产生直接作用,直接指导企业的各项经营活动。由于其特殊地位,企业经理人员比任何人都了解企业的发展状况,使其成为信息的接受中心和过滤中心,信息不对称问题就由此产生。委托代理理论关于经理层"自利代理人"的假设以及"信息不对称"问题,使得经理人员能够最大限度地维护自身利益而损害企业利益。在自身利益与企业利益不一致时,企业就容易陷入困境。而现代管理理论认为，人既有可能成为自利的代理人，也有可能成为无私的优秀管理者。企业经营者作为理性的人，在受托经营管理企业的过程中，不仅有追求物质满足的动机，还有追求荣誉与成就的动机，出于对自身尊严、信仰以及内在工作满足的追求，会像合格的管家一样勤勉地为企业工作，成为企业的优秀管理者。

企业治理结构对财务危机有着显著的影响。当发现企业治理结构不合理时，从企业角度而言，就要进行优化，要对股东大会、董事会、监事会和经理及其相互制衡的关系进行调整，从而发挥股东大会的作用，完善董事会的功能，充分发挥监事会的监督职能，并对经理人员采取有效的激励措施，促进企业健康发展，形成良好的企业治理结构，否则企业很有可能陷入财务危机。对投资者和债权人而言，其可以借助对企业治理结构的分析，判断企业是否会发生财务危机，使企业管理者能够依据这种危机信号及时转移投资、管理应收账款及做出信贷决策。

6.2 资源型企业治理机制弱化表现

从内涵上看，企业治理包括企业内部治理及企业外部治理两个方面的内容。

6.2.1 治理机制弱化的内部表现

企业内部治理主要是指股东大会、董事会、管理者的设置及内部关系。从这一角度来看，财务危机发生的主要原因是：董事会职能的弱化及内部控制不足。

一是董事会职能的弱化。从企业演化的角度看，董事会可以分为咨询型董事会、社团型董事会及公共型董事会等。例如，咨询型董事会的特征是随着企业规模的扩大和经营复杂程度的提高，咨询型董事会就形同虚设且难以发挥作用，从而使得董事会治理职能弱化。

二是董事会对高层管理人员的激励与约束不足。对高层管理人员的激励与约束制度是企业治理的核心之一，因为高层管理人员负责企业的运营工作。

三是风险控制机制缺位导致风险应对措施不足。企业进行风险控制的组织包括审计委员会、执行委员会、风险监督委员会、风险控制委员会等。其中，起直接作用的是风险监督委员会和风险控制委员会。对于风险监督委员会来说，其职责主要是负责识别、测量和监督企业的风险，而企业风险控制委员会则主要负责企业的市场风险和信用风险控制等。

四是缺乏风险收益的控制环境。一些企业在贯彻稳健的治理政策时，效果较好；但只要高层管理人员进行了调整，企业就可能会出现一些财务问题。

6.2.2 治理机制弱化的外部表现

从企业外部治理来看，一些企业的外部环境也同样存在缺陷。

首先，监管机构对经营主体的监管不足。例如，美国政府在推崇自由化市场经济后，就放松了对金融机构的监管，进而导致企业发生财务危机。

其次，评级机构出卖信用评级。由于买卖行为需要进行信用评级，因而评级机构的评估结果会对买卖行为产生重大影响。一方面，对评级机构具有监管职责的部门不顾社会环境的变化；另一方面，评级机构受到利益驱使，其性质也发生了微妙的变化。

最后，会计审查也存在灰色地带，一是披露不足的问题，二是表外实体的问题。一些企业可以合法地将很多亏损的投资科目不列入"资产负债表"以达到迷惑投资者的目的，其亏损也不会在利润表中体现，因而表外实体的经营状况可以不必纳入合并报表。

6.3 资源型企业应对治理机制弱化的措施

6.3.1 应建立完善的董事会制度

对一些企业而言，董事会管理及监督职能的弱化就是其财务危机的源头之一。董事会是双重代理的连接点，在现代企业治理结构中，董事会在企业治理中起着至关重要的作用。对于我国上市资源型企业的董事会而言，其性质并不是咨询型董事会，因为咨询型董事会适合于规模正在扩大、业务复杂程度逐渐提高的企业。我国资源型上市企业的董事会处于成熟阶段，其更应该强调按照既定的法律程序行使职能。从作用上说，董事会的职能必须加以规范与强化，以避免董事会职能的架空或弱化，造成诸如高级管理人员权利过大的严重后果。完善董事会的另一个方面，就是促进董事会次级委员会发挥应有的职能。

6.3.2 经理人员激励与监督应并重

我国的资源型企业的薪酬制度，引入了退休金计划及限制性股票等长效激励机制，但其前提是董事会能够对管理层的薪酬加以制约，否则这种激励机制就丧失了其意义。与激励相对应的，则是对高级管理人员的监督。由于我国的企业治理强调二元制，监事会行使监督的职能，因而这种监督首先是监事会的监督，与此相辅的，是独立董事的监督。这种监督可以避免高级管埋人员的短期行为，也有利于及时发现企业存在的潜在危机。

6.3.3 营造良好的风险控制氛围

良好的风险控制文化可以有效地引导企业的经营活动。长期以来，我国对企业运营采取自主经营、自负盈亏的模式，因而风险控制并未在企业中引起足够的重视，众多的企业也没有必要建立与收益相对应的风险控制文化。但随着我国资本市场的逐渐开放，引导企业形成良好的风险控制氛围对资源型企业具有重要意义。设立单独的风险监督委员会并保证其构建良好的风险控制文化并非难事。

7 研究结论与不足

7.1 研究结论

（1）资源型企业更应重视财务危机治理。因为从资源型上市企业的特征能够看到，资源型上市企业附加值低、治理能力较弱。

（2）资本结构质量分析、利润质量分析和现金流量质量分析等更能有针对性地发现资源型企业潜在的财务风险。

（3）Z值分析更适合资源型企业财务危机预警。本书通过对W稀土股份有限公司、C股份有限公司和SXZ企业三个案例进行Z值趋势判断，有效地得出了其财务危机情况。

7.2 研究不足

（1）本书的研究框架体系是在查阅较多文献和实践调研基础上形成的，但由于学识水平和调研样本有限，本书的研究框架难免存在不完善之处。

（2）本书虽然对样本有较丰富的定量分析，但从整体来看定量研究内容不够，笔者将在后续研究中做出进一步努力。

参考文献

[1] 阿小燕. 基于行业特征的资源型上市公司财务危机预警研究[D]. 西宁：青海大学, 2017.

[2] 常立华. 对企业财务危机临界点的认识[J]. 财会月刊, 2008 (10): 6-8.

[3] 陈高健. 基于BP神经网络模型的农业上市公司财务危机预警研究[D]. 杭州：浙江农林大学, 2020.

[4] 陈锦婉. 财务危机与"所有者缺位"[J]. 商业研究, 2000 (9): 1-3.

[5] 陈佩. 现金流量管理与企业风险控制[J]. 中国集体经济, 2018 (29): 115-116.

[6] 陈育宁. 企业财务危机预警体系研究[J]. 中国总会计师, 2021 (2): 68-69.

[7] 陈志斌, 曹佳敏, 王诗雨. 论企业财务风险的产业效应[J]. 财会月刊, 2019 (18): 3-9, 178.

[8] 邓旭东, 张瑜, 徐文平. 基于现金流量角度的财务预警模型研究：以房地产行业为例[J]. 会计之友, 2018 (23): 89-93.

[9] 高丽. 中国资源型企业国际化经营风险辨识与控制研究[D]. 北

京：中国地质大学，2011.

[10] 宫汝凯. 政策不确定环境下的资本结构动态决策［J］. 南开经济研究，2021（4）：97-119.

[11] 宫胜利. 钢铁行业上市公司资本结构对财务治理效率的影响［J］. 财会通讯，2020（18）：82-85，95.

[12] 龚健. 中国上市钢企财务危机预警研究［D］. 南昌：江西财经大学，2016.

[13] 郭慧婷，李彬，冷奥琳. 过度投资、现金流量操控影响公司价值增长的机理研究［J］. 投资研究，2020（9）：133-146.

[14] 郝宏杰. 煤炭企业财务危机浅析［J］. 纳税，2018（1）：70.

[15] 何巍. 上市公司财务危机的企业治理根源：基于双重委托代理视角［J］. 全国流通经济，2020（23）：88-90.

[16] 胡雅琴. 比亚迪财务危机的成因及解决对策［D］. 武汉：华中科技大学，2018.

[17] 吉梦璐. 制造企业内部控制与财务风险管理研究［J］. 中国乡镇企业会计，2021（12）：129-130.

[18] 江霞. 企业财务危机成因及对策研究［D］. 广州：暨南大学，2019.

[19] 姜秀华，孙铮. 治理弱化与财务危机：一个预测模型［J］. 南开管理评论，2001（5）：19-25.

[20] 李秉成，余浪，王志涛. 企业集团财务危机传染与治理效应研究［J］. 软科学，2019，33（3）：65-69.

[21] 李慧，温素彬，李志. 财务危机预警研究：一个文献综述［J］. 财会通讯，2020（24）：12-15.

[22] 李静祎. 财务柔性、现金股利支付与企业投资-现金流敏感性 [J]. 财会通讯, 2020 (10): 34-38.

[23] 李萌雅. 基于多元化视角的企业财务危机成因分析: 以暴风集团为例 [J]. 河南财政税务高等专科学校学报, 2021, 35 (2): 37-40.

[24] 李世辉, 曾辉祥, 徐越. 上市公司盈利持续性及其影响因素: 以机械、设备及仪表行业为例 [J]. 财会月刊, 2016 (12): 26-30.

[25] 李夏怡. 基于熵理论的企业财务危机管理研究 [D]. 杭州: 浙江财经学院, 2011.

[26] 李艳丽. 企业财务危机预警系统研究 [J]. 科技经济市场, 2020 (8): 26-28.

[27] 李豫湘, 胡新良. 公司治理结构与财务危机关系研究综述 [J]. 财会通讯 (学术版), 2007 (11): 94-96, 103.

[28] 李媛媛, 郭宁宁. 资本结构对企业风险承担的影响研究: 基于产权异质性和金融生态环境双重视角 [J]. 武汉金融, 2019 (12): 44-50.

[29] 连玉君, 彭镇, 蔡菁, 等. 经济周期下资本结构同群效应研究 [J]. 会计研究, 2020 (11): 85-97.

[30] 林杰辉. 企业资本结构与融资路径研究 [J]. 云南社会科学, 2019 (6): 71-78.

[31] 林玲. CAS 31 框架下现金流量表争议项目列报相关问题剖析 [J]. 财会月刊, 2018 (7): 94-98.

[32] 林妍, 陈晨. 中小民营企业财务风险及其防范 [J]. 财会通讯, 2015 (35): 102-104.

[33] 刘金庚. 中小企业财务危机应对策略探究 [J]. 投资与创业,

2021, 32（9）：94-96.

[34] 刘柯杰，杨继，高俊山. 重组治理结构：国有企业财务危机的一种解决思路［J］. 北京科技大学学报（社会科学版），2000（1）：23-25.

[35] 刘明传，谷福云. 集团企业财务风险管理体系构建研究［J］. 会计之友，2015（15）：80-82.

[36] 罗瑶琦. 企业财务危机的成因及治理［J］. 经济问题，2004（7）：79-80.

[37] 马闪霞. 新能源汽车业上市公司财务危机预警方法的合理选择［D］. 上海：上海工程技术大学，2020.

[38] 毛长飞，刘任捷，顾乾屏，等. 分行业的企业财务危机预警模型比较研究［J］. 统计与信息论坛，2007（6）：39-44.

[39] 潘敬宁. 论资源型企业扩张期的财务风险控制［J］. 中国高新技术企业，2008（18）：26-27.

[40] 齐春霞. 试论企业财务风险的防范［J］. 山西财经大学学报，2011, 33（4）：59.

[41] 乔鑫，王媛. 从利润表改革看我国现金流量表的跟进与完善［J］. 会计之友，2020（18）：89-92.

[42] 任广乾. 企业财务危机的董事会决策行为因素及其预警［J］. 中南财经政法大学学报，2018（6）：52-61.

[43] 任思佳. J农业上市公司财务危机预警研究［D］. 保定：河北农业大学，2021.

[44] 盛明泉，丁锋，谢睿. 多个大股东并存与资本结构动态调整［J］. 会计之友，2021（15）：17-23.

[45] 盛明泉, 周洁, 汪顺. 产权性质、企业战略差异与资本结构动态调整 [J]. 财经问题研究, 2018 (11): 98-103.

[46] 师旭丽. 金属非金属企业财务危机预警研究 [D]. 南京: 江苏大学, 2008.

[47] 施平, 付子雪. 基于公司治理视角的企业财务危机成因分析: 以雏鹰农牧为例 [J]. 财务管理研究, 2020 (9): 66-72.

[48] 石文. 基于质量视角下的格力电器资本结构分析 [J]. 财会研究, 2018 (7): 35-38.

[49] 宋哲, 于克信. 资本结构、动态能力与企业绩效: 基于西部资源型上市公司数据的研究 [J]. 经济问题探索, 2017 (10): 57-63.

[50] 苏晓玲. 论企业财务危机的成因及预防 [J]. 赤峰学院学报 (自然科学版), 2013, 29 (3): 92-94.

[51] 孙树垒, 王亚东, 张正勇. 企业财务风险评价新方法探析 [J]. 中国注册会计师, 2021 (12): 105-108.

[52] 孙莹, 王苑琢, 杜媛, 等. 中国上市公司资本效率与财务风险调查: 2019 [J]. 会计研究, 2020 (10): 127-135.

[53] 谭青, 李潇涵. 商誉泡沫破灭导致企业财务危机的原因分析: 以"长城动漫"为例 [J]. 信息与管理研究, 2021, 6 (1): 79-89.

[54] 谭青, 许佳丽. 基于生存因素理论的财务危机影响因素研究 [J]. 天津商业大学学报, 2019, 39 (4): 14-20, 27.

[55] 谭青, 殷行. 非财务观的企业财务危机预警研究: 基于环境嵌入性视角 [J]. 杭州电子科技大学学报 (社会科学版), 2021, 17 (3): 9-14.

[56] 汤湘希. 分析师修正行为、现金流预测与投资者反应—来自未预

期盈余视角的研究［J］. 会计之友，2020（12）：13-21.

［57］唐敏，王华，张沔. 企业财务危机内涵探究及相关概念辨析［J］. 财会通讯（学术版），2007（12）：80-81，125.

［58］万庭君. 财务危机预警模型的构建及其对A企业财务风险诊断［D］. 南昌：东华理工大学，2018.

［59］王春利. 企业财务危机预警体系［J］. 中国集体经济，2020（16）：131-132.

［60］王冬梅，王旭. 企业财务风险评价：误区与框架重构［J］. 财会月刊，2016（31）：22-27.

［61］王洪敏. 我国资源型企业海外并购财务风险控制问题探析［D］. 南昌：江西财经大学，2014.

［62］王虎超，麦志坚，陈汉文. 美林财务危机与公司治理缺陷［J］. 财会通讯，2009（10）：24-29.

［63］王晶晶，李烨. 自由现金流、管理层能力与费用粘性［J］. 财会通讯，2020（23）：39-42.

［64］王磊. 论资源型企业财务风险控制［J］. 财会学习，2020（33）：55-56.

［65］王鲁. 上市企业财务危机动态预测的集成方法研究［D］. 哈尔滨：哈尔滨工业大学，2017.

［66］王敏. 西部地区中小企业财务危机成因探析［J］. 中国证券期货，2010（8）：73-74.

［67］王诗烨. 我国企业财务危机形成的原因与化解策略探析［J］. 中国市场，2018（15）：20-22.

[68] 王威,刘芬. 基于 FMTSVM 的企业财务危机预警研究 [J]. 会计之友, 2021 (22): 79-86.

[69] 王小波,徐单丹. 自由现金流量、内部控制与费用粘性 [J]. 湘潭大学学报(哲学社会科学版), 2019 (6): 79-84.

[70] 王秀伟. 林木资源可持续利用视阈下的企业财务风险及成因研究 [D]. 长春: 吉林大学, 2017.

[71] 文杏梓,孙开庆,张冬云. 供给侧改革背景下的煤炭企业财务风险管理研究: 以郑州煤电为例 [J]. 财会研究, 2021 (12): 54-59, 80.

[72] 吴本杰. 财务危机预警系统研究 [D]. 贵州: 贵州财经学院, 2011.

[73] 吴本杰. 企业财务危机的防范策略研究 [J]. 重庆邮电大学学报(社会科学版), 2010, 22 (3): 111-113.

[74] 吴木洋. 产业政策、企业投资行为与财务危机 [J]. 会计之友, 2018 (11): 121-129.

[75] 吴珊珊. 大型矿产资源企业财务风险管理实践与经验: 以石油企业为例 [J]. 冶金经济与管理, 2016 (2): 24-25.

[76] 吴树畅,张雪,于静. 经营风险与财务杠杆关系研究: 基于异质性负债视角 [J]. 会计之友, 2021 (19): 59-64.

[77] 吴树会. 资源型企业财务风险研究 [J]. 财会通讯, 2016 (2): 93-96, 129.

[78] 吴星泽. 财务危机预警研究: 存在问题与框架重构 [J]. 会计研究, 2011 (2): 59-65, 97.

[79] 吴一丁,陈甜甜. 现金流风险对非金融企业金融化的影响研究:

来自 A 股市场的经验证据［J］．金融与经济，2020（2）：24-30.

［80］伍海泉，王萱，祝诗羽，等．从资源价值流视角评价企业水财务风险［J］．财会月刊，2021（19）：25-30.

［81］武芳芳．A 公司财务危机预警研究［D］．太原：太原理工大学，2019.

［82］武咏晶，牛润楷．高管团队质量对企业财务危机的影响研究：基于风电行业的双案例［J］．财会通讯，2021（2）：101-104.

［83］夏同水．分析师现金流预测与企业避税［J］．财会月刊，2020（6）：12-18.

［84］夏宇．企业财务危机预警研究［D］．青岛：中国石油大学（华东），2014.

［85］项继云．上市公司财务风险管理问题探讨［J］．财会通讯，2013（29）：123-124.

［86］熊毅，张友棠．基于 F 计分值的上市公司财务风险预警研究［J］．管理现代化，2019，39（1）：111-115.

［87］徐境苡，姜德顺．辽河油田现金预算改进［J］．会计之友，2020（5）：143-148.

［88］徐义明，孙方社．企业财务风险识别研究［J］．财会通讯，2015（17）：96-98.

［89］许存兴．公司治理与财务危机关系分析［J］．统计与信息论坛，2010，25（9）：81-86.

［90］闫骏强．企业现金流量管理研究［J］．山西财经大学学报，2019（11）：65-66.

[91] 闫晴. 企业陷入财务危机的原因综述 [J]. 广西质量监督导报, 2019 (1): 55-56.

[92] 严良, 李淑雯, 蒋梦婷, 等. 基于 PCA 的 DE-SVM 资源型企业财务风险识别模式研究 [J]. 会计之友, 2019 (7): 58-65.

[93] 严志华. 房地产上市公司现金流量管理现状及提升路径 [J]. 财务与会计, 2019 (24): 73-74.

[94] 杨华. 关于企业财务风险管理的探讨 [J]. 统计与决策, 2008 (19): 174-175.

[95] 杨娟. 我国上市公司财务危机预警研究 [D]. 北京: 华北电力大学, 2012.

[96] 杨军, 赵继新, 李宇航. 多元化经营战略对企业财务风险的影响研究 [J]. 财会通讯, 2020 (14): 78-81.

[97] 杨燚, 李敏. 管理层能力对投资现金流敏感性的影响研究: 基于机构投资者持股的视角 [J]. 财会通讯, 2019 (36): 27-33.

[98] 叶晓甦, 张德琴, 石世英, 等. 考虑投资倾向的 PPP 项目资本结构优化 [J]. 财会月刊, 2017 (32): 11-16.

[99] 应唯. 关于合同现金流量特征几个会计问题的探讨 [J]. 财务与会计, 2020 (16): 13-17.

[100] 俞富坤, 盛宇华. 资本结构影响企业盈亏风险的多样性研究: 基于我国 A 股制造业民营公司的实证研究 [J]. 财经理论与实践, 2021, 42 (3): 42-48.

[101] 袁克丽, 闫红悦, 翟淑萍. 上市公司战略定位影响资本结构吗? [J]. 南方金融, 2020 (7): 57-68.

[102] 袁卫秋. 营运资本管理效率对企业盈利水平和盈利质量的影响研究 [J]. 河北经贸大学学报, 2015, 36 (2): 62-66.

[103] 曾爱民, 冷虹雨, 魏志华. 经营现金流透明度、市场关注度与股价崩盘风险 [J]. 财贸研究, 2020 (6): 98-110.

[104] 张博, 庄汶资, 袁红柳. 新会计准则实施与资本结构优化调整 [J]. 会计研究, 2018 (11): 21-27.

[105] 张洪霞, 顾福珍, 孙伟. 上市公司现金流质量分析: 以SXZ企业为例 [J]. 科学决策, 2021 (6): 90-103.

[106] 张蕾. 企业资本结构的代理成本效应分析: 来自国有上市公司的经验证据 [J]. 商业经济研究, 2019 (22): 126-129.

[107] 张力云. 结构性去杠杆: 基于资本结构变动趋势分析 [J]. 财会通讯, 2020 (14): 115-118.

[108] 张玲. 内部控制视角下的再生资源企业财务风险控制研究 [J]. 中国国际财经 (中英文), 2018 (8): 97-98.

[109] 张庆阁. 试论企业财务危机管理中存在的问题与创新途径 [J]. 商业会计, 2012 (2): 69-70.

[110] 张新民, 钱爱民, 陈德球. 上市公司财务状况质量: 理论框架与评价体系 [J]. 管理世界, 2019, 35 (7): 152-166, 204.

[111] 张新民, 钱爱民. 财务报表分析 [M]. 北京: 中国人民大学出版社, 2019.

[112] 张原, 宋丙沙. 控股股东股权质押、公司治理与财务风险 [J]. 财会月刊, 2020 (20): 152-160.

[113] 张志宏, 孙青. 资产质量、盈余质量与公司价值 [J]. 金融经济

学研究，2016，31（3）：85-97.

[114] 张志强，黄冰冰，吴传琦. 企业信息披露与资本结构动态调整[J]. 统计与信息论坛，2021，36（9）：77-88.

[115] 赵庚学. 企业财务危机识别及防范的基本路径[J]. 会计之友（下旬刊），2008（11）：32-33.

[116] 赵嘉颖，崔雪梅. X施工企业现金流量表风险识别及应对措施[J]. 财务与会计，2020（1）：33-36.

[117] 赵静静. 企业财务风险问题及管控策略研究[J]. 财经界，2021（35）：99-100.

[118] 赵桐. AB公司财务风险管理研究[D]. 长春：长春工业大学，2021.

[119] 赵晓丽. HF电子股份有限公司利润质量评价[J]. 现代企业，2017（8）：42-43.

[120] 郑曼妮，黎文靖. 中国过度负债企业去杠杆：基于资本结构动态调整视角[J]. 国际金融研究，2018（10）：87-96.

[121] 郑清华. 企业财务危机预警中非财务指标研究[J]. 农村经济与科技，2015，26（5）：122-123，186.

[122] 周丕娟，江成城，区群芳. 企业财务危机探析[J]. 商业研究，2002（24）：90-91.

[123] 朱春梅，蔺玉，张锐. 财务契约、财务危机预警与公司财务治理[J]. 财会通讯（学术版），2007（3）：19-22.

[124] 朱兆珍. 财务危机产生诱因的成果综述与研究展望[J]. 中国市场，2017（13）：247-248.

[125] 资春芬. 企业资本结构与经营绩效关系研究：以物流业上市公

司为例［J］. 商业经济研究, 2020（11）: 174-177.

［126］ALMAMY, LU C-C, TSAI C-F, SHIH G-A. Financial ratios and corporate governance indicators in bankruptcy prediction: a comprehensive study［J］. European journal of operational research, 2016, 252（2）: 561-572.

［127］ALTMAN EL. Financial rations, discriminate analysis and the prediction of corporate bankruptcy［J］. Journal of finance, 1968, 21（4）: 20-21.

［128］ARGENTI J. Corporate collapse: the causes and symptoms［M］. New York: McGraw-Hill, 1976.

［129］ASQUITH P, GERTNER R H, SCHARFSTEIN D S. Anatomy of financial distress: an examination of junk-bond issuers［J］. quarterly journal of economics, 1994, 109（3）: 625-658.

［130］AZIZ, A. M. & HUMAYON, A. D. Predicting corporate bankruptcy: where we stand?［J］. Journal of corporate governance, 2006.6（1）: 18-33.

［131］BALL R, SHIVAKUMAR L. Earnings quality at initial public offerings［J］. Journal of accounting and economics, 2008（45）: 324-349.

［132］BEAVER W H. Financial ratios as predictors of failure［J］. Journal of accounting research, 1966, 4（1）: 71-111.

［133］BEN JABEUR S. Bankruptcy prediction using partial least squares logistic regression［J］. Journal of retailing and consumer services, 2017, 36: 197-202.

［134］COLLETT N, PANDIT N R, SAARIKKO J. Success and failure in turnaround attempts: an analysis of SMEs within the finnish restructuring of enterprises act［J］. Entrepreneurship and regional development, 2014: 123-141.

[135] DANIEL M A, SOJAMO S. From risks to shared value? corporate strategies in building a global water accounting and disclosure regime [J]. Water alternatives, 2012 (3): 636-657.

[136] E. NIKOLAOU M K, NIKOLAIDOU K P. Tsagarakis. The response of small and medium sized enterprises to potential water risks: An eco-cluster approach [J]. Journal of cleaner production, 2016 (5): 4550-4557.

[137] FINK STEVEN. Crisis Management: Planning for the invisible [J]. New York: American management association, 1986 (5): 9-12, 15, 217.

[138] FITZPATRICK P J. A comparison of ratios of successful industrial enterprises with those failed firms [J]. Certified public accountant, 1932: 589-605, 656-662, 727-731.

[139] GHOSH A, MOON D. Corporate debt financing and earnings quality [J]. Journal of business finance & accounting, 2010 (37): 538-559.

[140] HALL G. Reasons for insolvency amongst small firms a review and fresh evidence [J]. Small business economics, 1992, 4 (3): 237-250.

[141] L. MOLGEDEYA, W. EBELING. Local order, entropy and predictability of financial time series [J]. The European physical journal B, 2000 (15): 733-737.

[142] MC KEE T E, GREENSTEIN M. Predicting bankruptcy using recursive partitioning and a realistically proportioned data set [J]. Journal of forecasting, 2000, 19: 219-230.

[143] NAZAR A M, HALL W A, ALBERTSON M L. Risk avoidance ob-

jective in water resources [J]. Journal of water resources planning and management, 1981 (107): 201-209.

[144] OOGHE H, DE PRIJCKER S. Failure processes and causes of company bankruptcy: a typology [J]. Management decision, 2008, 46 (2): 223-242.

[145] PATRIZIA GHISELLINI, CATIA CIALANI, SERGIO ULGIATI. A review on circular economy: the expected transition to a balanced interplay of environmental and economic systems [J]. Journal of cleaner production, 2016 (7): 11-32.

[146] PHAM VO NINH B, DO THANH T, VO HONG D. Financia distress and bankruptcy prediction: an appropriate model for listed firms in vietnam [J]. Economic systems, 2018, 42: 616-624.

[147] QUINLAN J R. Discovering rules by induction from large collections of examples in D. Michie (Ed.) expert systems in the microelectronic age [M]. Edinburgh, England: Edinburgh University Press, 1979: 168-201.

[148] SHARMA S C, MAHAJAN V. Early warning indicators of business failure [J]. Journal of marketing, 1980, 44 (4): 80-89.

[149] SHOOK G. An assessment of disaster risk and its management in Thailand [J]. Disasters, 1997 (1): 77-88.

[150] SVEN SANDOW, XUELONG ZHOU. Data-efficient model building for financial applications [J]. The journal of risk finance, 2007, 8 (2): 133-155.

[151] TING-YA HSIEH, MORRIS H. -L. WANG. Finding critical financial ratios for Taiwan's property development firms in recession [J]. Logistics

information management, 2001, 14 (5/6): 401-412.

[152] W H BEAVER. Financial ratios as predictors of failure [J]. Journal of accounting research, 1996 (11): 71-111.

[153] WHITAKER R B. The early stages of financial distress [J]. Journal of economics and finance, 1999, 23 (2): 123-132.

[154] WISTON ADRIAN RISSO. The informational efficiency and the financial crashes [J]. Research in international business and finance, 2008 (22): 396-408.

[155] ZMIJEWSKI M E. Methodological issues related to the estimation of financial distress prediction models [J]. Journal of accounting research, 1984 (22): 59-82.